LA FILLE
DE
FANCHON LA VIELLEUSE

OPÉRA-COMIQUE EN 4 ACTES ET 5 TABLEAUX
DE

Armand LIORAT
William BUSNACH ET Albert FONTENY

MUSIQUE DE

Louis VARNEY

PRIX : 2 FRANCS.

PARIS

CALMANN-LÉVY	CHOUDENS FILS, ÉDITEUR
LIBRAIRE-ÉDITEUR	26, Boulevard des Capucines
15, Boulevard des Italiens	PRÈS LA RUE CAUMARTIN

Droits de reproduction, de traduction et de représentation réservés.
1891 Copyrigth by Choudens fils

LA FILLE
DE
FANCHON LA VIELLEUSE

OPÉRA-COMIQUE EN 4 ACTES ET 5 TABLEAUX

Représenté pour la première fois à Paris, sur le théâtre
des Folies-Dramatiques, le 3 novembre 1891.

LA FILLE

DE

FANCHON LA VIELLEUSE

OPÉRA-COMIQUE EN 4 ACTES ET 5 TABLEAUX

DE

Armand LIORAT

William BUSNACH ET Albert FONTENY

MUSIQUE DE

Louis VARNEY

PRIX : 2 FRANCS.

PARIS

CALMANN-LÉVY	CHOUDENS FILS, ÉDITEUR
LIBRAIRE-ÉDITEUR	26, Boulevard des Capucines
15, Boulevard des Italiens	PRÈS LA RUE CAUMARTIN

Droits de reproduction, de traduction et de représentation réservés.
1891 Copyrigth by Choudens fils

PERSONNAGES

BELLAVOINE, notaire.	MM. GOBIN.
ZÉPHYRIN, flûtiste.	GUYON fils.
JACQUOT, jeune Savoyard	LARDAUDIÈRE.
GRENOUILLOT, père de Jacquot. . . .	BELLUCCI.
LE CHEVALIER DE SAINT-FLORENT.	LACROIX.
JULES, clerc de notaire	LAMY.
AUGUSTE, domestique	MESMAECKER fils.
JOSEPH, cocher de grande maison . . .	BERVILLE.
CHALUMEAU, cocher de fiacre	ROCHER.
MARCHAND DE COCO	CAMUT.
LE CONDUCTEUR des Montagnes russes.	FOURNIER.
UN SALTIMBANQUE.	FOUGAUT.
JAVOTTE, fille de Fanchon la vielleuse. .	Mme THUILLIER-LELOIR.
HERMINE, femme de Bellavoine	Mlles ZÉLO-DURAN.
JUSTINE, femme de chambre	FRÉDER.
THÉRÈSE, jeune vielleuse	DEMOULIN.
MARGOT, Id.	GERMAINE.
UNE ÉLÉGANTE.	A. GENEL.
MARCHANDE DE PLAISIRS.	LEFAUCHEUX.
FEMME DE CHAMBRE	SCHOMBERGER.

JEUNES SAVOYARDS ET SAVOYARDES, CLERCS, FEMMES DE CHAMBRE, PROMENEURS, PROMENEUSES.

(La scène en 1708, à Paris.)

LA FILLE
DE
FANCHON LA VIELLEUSE
OPÉRA-COMIQUE EN 4 ACTES ET 5 TABLEAUX

ACTE PREMIER

Chez maître Bellavoine, notaire, à Paris, rue du Petit-Hurleur. Une sorte de jardinet séparant l'étude de l'habitation particulière. A gauche, le bâtiment de l'étude, formant rez-de-chaussée, avec large façade vitrée dans laquelle s'ouvre une porte à deux vantaux également vitrée. — Au-dessus de la porte, des panonceaux de notaire et une pancarte portant ces mots : « Entrée de l'étude. » — A droite, la maison d'habitation ; petit pavillon dans le style néo-grec, avec porte au rez-de-chaussée précédée d'un perron. — Au-dessus, les fenêtres du premier étage. — Au fond, la grille d'entrée, donnant sur la rue. Près de la grille, de chaque côté, à l'intérieur, deux grands vases garnis de fleurs et montés sur des socles. — On peut atteindre les vases de l'extérieur en passant le bras à travers les barreaux de la grille. — Au lever du rideau, la porte et les vitrages de l'étude à gauche sont ouverts ; on aperçoit à l'intérieur les tables, les pupitres, les cartons. — Les clercs ont l'air très occupés à leur travail. — Jules, au fond, près de la grille, regarde au dehors.

SCÈNE PREMIÈRE

JULES, LES CLERCS, puis JUSTINE et LES FEMMES DE CHAMBRE, puis LE CHEVALIER DE SAINT-FLORENT

JULES, se retournant et criant :

Parti !... le patron est parti !...

(Les autres clercs quittent leur travail et descendent en scène.)

LES CLERCS
Le patron est parti !...

SCÈNE ET CHŒUR

JULES
De janvier jusqu'à fin décembre,
Dans la poudre des cartons verts,
Ah ! que les jours seraient amers !
　Si les petits clercs
N'avaient pas les p'tit's femm's de chambre...

JUSTINE et les femmes de chambre, paraissant à la porte et aux fenêtres du pavillon à droite.
Si les p'tit's femm's de chambre
N'avaient pas les petits clercs !

ENSEMBLE
Si les petits clercs
N'avaient pas les p'tit's femm's de chambre,
Si les p'tit's femm's de chambre
N'avaient pas les petits clercs !

JULES
Mesdemoiselles,
Descendez donc ;
Nous vous dirons, les belles,
Des histoires nouvelles...

JUSTINE ET LES FEMMES DE CHAMBRE, riant.
Non ! non !

UNE FEMME DE CHAMBRE, à la fenêtre, battant un édredon.
Et mon lit ?... et mon édredon ?...

JUSTINE, à la porte, brossant un coussin.
Est-ce vous qui ferez l'salon ?...

LES CLERCS
Laissez donc là votre ménage...

LES FEMMES DE CHAMBRE
Faites donc votre griffonnage...

ACTE PREMIER

JULES

Quand on a vingt ans comme nous,
Il est des ouvrages plus doux ;
(Il leur envoie, ainsi que les autres clercs, des baisers de la main.)
Bss... bss... bss...

JUSTINE ET LES FEMMES DE CHAMBRE, riant.

Je t'en ratisse ! Je t'en ratisse !
(Musique de scène à l'orchestre.)

JULES

Vous ne voulez pas descendre ?

LES FEMMES DE CHAMBRE, riant.

Non !

JULES

Alors... bataille !

JUSTINE, riant.

Bataille !...

(Les clercs se mettent à bombarder les femmes de chambre avec des dossiers et des boulettes de papier ; les femmes de chambre ripostent en leur lançant des oreillers, des édredons, des traversins. Au beau milieu de la bagarre, le chevalier de Saint-Florent paraît au fond, venant du dehors ; il reçoit en entrant un énorme dossier dans l'œil et un édredon sur la tête. La musique de scène cesse.)

SAINT-FLORENT, entrant et se garant avec ses bras.

Eh bien ? Eh bien ?

JULES, vivement, au chevalier.

Oh !... pardon, monsieur.

JUSTINE, ramassant un oreiller.

Nous sommes en train de faire le ménage...

JULES, ramassant son dossier.

Et de ranger les papiers de l'étude...

SAINT-FLORENT, riant.

Ah ! c'est comme ça que vous rangez ? Maître Bellavoine, s'il vous plaît ?

JUSTINE

Monsieur est sorti.

JULES

Il est allé en ville dresser un inventaire; mais le premier clerc est là...

SAINT-FLORENT

Merci, c'est à M° Bellavoine lui-même que je désire parler; je vais faire un petit tour... je repasserai dans une heure.

JUSTINE

Comme monsieur voudra.

SAINT-FLORENT, saluant et riant.

Mesdemoiselles... messieurs... désolé d'avoir interrompu vos importantes occupations. (Il sort.)

SCÈNE II

Les Mêmes, moins SAINT-FLORENT

JULES

Il a l'air de se ficher de nous, le vieux.

JUSTINE

Pourvu qu'il ne dise rien au patron ! C'est qu'il est à cheval sur les mœurs, M° Bellavoine.

JULES, riant.

Oui... comme ça en public... pour avoir l'air... mais quand on ne le voit pas...

JUSTINE

Quand on ne le voit pas?

JULES

Il fait ses petites farces tout comme les autres. Voilà plusieurs fois déjà que je le rencontre dehors à la tombée de la nuit, avec l'air d'un homme qui va à quelque bonne fortune ! Si sa femme savait ça !...

JUSTINE, riant.

Madame !... Ah ! ah ! laissez donc, une sainte nitouche aussi, celle-là !... Elle fait les yeux doux à un certain M. Zéphyrin... un flûtiste de l'orchestre de Tivoli...

JULES

Bah !

JUSTINE

Oui, oui, un petit blondasse, qui vient flâner tous les matins devant la grille !...

JULES

Alors, si les patrons s'amusent, il n'y a pas de raison pour s'imposer des privations, mamzelle Justine, faut que je vous embrasse... (Il prend Justine par la taille et cherche à l'embrasser.)

JUSTINE, se débattant en riant.

M. Jules, voulez-vous bien finir !

(Bellavoine entre au fond, portant un volumineux paquet de dossiers sous son bras.)

SCÈNE III

Les Mêmes, BELLAVOINE

BELLAVOINE, poussant un cri.

Qu'est-ce que je vois-là ?

TOUS, essayant de se sauver.

Le patron !

BELLAVOINE, sévère.

Restez ! (Les clercs et les femmes de chambre restent là, tout penauds et baissant le nez.) Eh bien ! c'est du joli ! une orgie dans mon étude ! l'étude de Me Bellavoine, notaire à Paris, rue du Petit-Hurleur, exceptionnellement connu parmi tous ses confrères pour la rigidité de ses principes !

JULES, timidement.

Patron, c'est que...

BELLAVOINE

Taisez-vous, Monsieur; vous n'êtes qu'un corrompu, un débaucheur de femmes de chambre... Pouah! Tenez, c'est répugnant!

JULES

Mais, patron...

BELLAVOINE

Dès à présent, vous ne faites plus partie de mon personnel; je vous flanque à la porte... vous entendez... je vous flanque à la porte! (Se retournant vers Justine.) Quant à vous, petite malheureuse...

JUSTINE, pleurnichant dans son tablier.

Hi! hi! hi!

BELLAVOINE

Vous n'avez pas honte à votre âge... vous laisser embrasser par un petit saute-ruisseau... un méchant clerc à 30 francs par mois!... Je vous chasse également, Mademoiselle!

JUSTINE, pleurnichant plus fort.

Hi! hi! hi!

(Hermine paroît sur le seuil de la maison, elle est en robe du matin.)

SCÈNE IV

Les Mêmes, HERMINE

HERMINE

Qu'est-ce que c'est? Qu'est-ce qu'il y a?

BELLAVOINE

Venez donc, chère amie; il s'en passe de belles chez nous.

JUSTINE, parlant tout en larmoyant.

Madame... c'est le petit clerc qui a vou... qui a voulu m'embrasser.

ACTE PREMIER

HERMINE, sévère.

Assez... pas un mot de plus... de l'inconduite dans un maison comme la nôtre! fi, Mademoiselle, fi!

DELLAVOINE

Fi! Mademoiselle, fi!

HERMINE

Vous avez renvoyé cette dévergondée, n'est-ce pas?

DELLAVOINE

Naturellement.

HERMINE, à Justine.

Allez faire votre malle sur-le-champ.

JUSTINE

Mais, Madame...

HERMINE

Sur-le-champ, vous-je!...

JUSTINE

C'est bien, Madame. (En sortant.) Si on voulait jaser, pourtant...

HERMINE

Vous dites?

JUSTINE

Rien, Madame; je vais faire ma malle. (Elle sort.)

HERMINE

Et que ceci vous serve à tous de leçons... nous ne voulons ici que des serviteurs irréprochables.

DELLAVOINE

Irréprochables comme leurs maîtres...

DUETTO ET CHOEUR

I

BELLAVOINE, sévèrement, aux clercs et aux femmes de chambre.

Maître Bellavoine, notaire,
Pour ses mœurs est partout connu...

HERMINE

Pour ses mœurs est partout connu.

LES CLERCS ET LES FEMMES DE CHAMBRE, riant, à part.

Turlututu !
Chapeau pointu !...

BELLAVOINE

Cette étude est le sanctuaire
Du travail et de la vertu...

HERMINE

Du travail et de la vertu.

LES CLERCS ET LES FEMMES DE CHAMBRE, à part.

Turlututu !
Chapeau pointu !...

BELLAVOINE

Refrénez votre effervescence ;
Je veux que le client soudain
Dise, en entrant dans ce jardin :
« Dieu ! comm' ça sent bon l'innocence ! »

BELLAVOINE ET HERMINE, ensemble avec affectation

O chasteté !
Pudicité !
Fidélité !
Moralité !
Voilà les fondements de la société !

LES CLERCS ET LES FEMMES DE CHAMBRE, riant, à part.

Ah ! ah ! ah ! ah !

(Bellavoine et Hermine se retournent; les clercs et les femmes de chambre redeviennent immédiatement sérieux et reprennent avec eux l'ensemble précédent.)

ENSEMBLE

O chasteté !
Etc.

II

BELLAVOINE

Suivez l'exemple qu'on vous donne
Dans cette honorable maison...

HERMINE

Dans cette honorable maison.

LES CLERCS ET LES FEMMES DE CHAMBRE, riant, à part.

Et zon ! zon ! zon !
Mam'zelle Suzon !...

BELLAVOINE

Regardez donc votre patronne,
Voyez un peu votre patron...

HERMINE

Voyez un peu votre patron.

LES CLERCS ET LES FEMMES DE CHAMBRE, riant, à part.

Et zon ! zon ! zon !
Mamzelle Suzon !...

BELLAVOINE, prenant la taille d'Hermine.

A l'ombre d'un bonheur tranquille,
Tous les deux tendrement unis,
Nous formons, par le ciel bénis,
Une suave et fraîche idylle...

1.

BELLAVOINE et HERMINE, ensemble.
O chasteté !
etc.

LES CLERCS ET LES FEMMES DE CHAMBRE, riant, à part.
Ah ! ah ! ah ! ah !
(Bellavoine et Hermine se retournent ; même jeu que précédemment.)

REPRISE DE L'ENSEMBLE
O chasteté,
etc.

BELLAVOINE, embrassant Hermine avec une tendresse exagérée.
Hermine !

HERMINE, de même.
Raphaël !

BELLAVOINE, aux clercs.
Et maintenant, vous autres, allez travailler.

LES CLERCS
Oui, patron.

BELLAVOINE, à Hermine.
Au revoir, ma petite caille dodue...

HERMINE
Au revoir, mon gros lapin bleu.

BELLAVOINE, à part, se dirigeant vers l'étude.
Quel ange ! Pauvre petite femme ! Si elle se doutait ..

HERMINE, à part.
Pauvre ami ! S'il pouvait soupçonner !

BELLAVOINE, revenant sur ses pas avec affectation
pour embrasser de nouveau Hermine.
Hermine !

HERMINE, de même.
Raphaël !

(Bellavoine entre à l'étude à la suite des clercs. Les femmes de chambre rentrent dans la maison. Jules, sur un dernier geste de Bellavoine, sort par la grille. Hermine remonte le perron comme pour rentrer chez elle. On ferme les fenêtres de l'étude et celles de la maison. Dès que tout le monde a disparu, Hermine redescend en scène et examine de tous côtés pour s'assurer qu'on ne l'observe pas.)

SCÈNE V

HERMINE, seule.

Plus personne... voyons s'il y a quelque chose pour moi dans ma boîte aux lettres... (Elle va avec précaution vers le grand vase placé à droite de la grille, cherche sous les fleurs et en tire un billet; avec joie.) Oui !... ce pauvre M. Zéphyrin !... pas de danger qu'il oublie jamais ! Quelle âme d'artiste !... Chaque matin, en allant à sa répétition d'orchestre, il glisse là, sous les fleurs, à travers les barreaux de la grille... un petit billet brûlant. (Elle va pour ouvrir la lettre et s'arrête.) Oh ! je sais bien ce qu'il veut... Il veut que j'aille prendre des leçons de chant, des leçons particulières... chez lui... Est-ce possible? Si mon mari venait à découvrir !... Heureusement, M. Zéphyrin a toujours la précaution de ne jamais m'écrire qu'en musique... un langage de convention... dont j'ai seule la clé... (Ouvrant le billet.) Voyons ce qu'il me dit encore, ce pauvre jeune homme... (Lisant.)

LETTRE CHANTÉE

Fa-ut-sol-mi-ré !
Cher ange adoré !...
Ut-sol-la-ré-mi !
Songez à l'ami...
Fa-sol-ré-ut-la !
Qui vous attend là...
Ré-ut-fa-mi-sol !
Dans son p'tit cinquième au-d'sus de l'entresol

Fa-mi-ré... mon âme est triste...
Sol-si-ré-ut-la... Venez égayer le séjour...
Do-mi-sol... du pauvre flûtiste...
Mi-fa-ut... qui se meurt d'amour

Ut-fa-la-ré-si !
Venez vite ici...
La-fa-mi-ré-do !
Quel joli duo !
Sol-si-ré-ut-fa !
Je m'y vois déjà...
Sol-fa-la-ré-ut !
Quant à votr' mari, nous lui dirons : Zut !

Fa-mi-ré... mon âme est triste.
etc.

(Parlé.) Irai-je ?... ou n'irai-je pas ?...

SCÈNE VI

HERMINE, SAINT-FLORENT, puis BELLAVOINE

SAINT-FLORENT

Mille pardons, madame ; maître Bellavoine est-il de retour ?

HERMINE

Oui, monsieur ; mon mari est là dans l'étude.

SAINT-FLORENT, saluant avec galanterie.

C'est votre mari, madame... Je lui en fais tous mes compliments.

(Bellavoine paraît à ce moment sur le seuil de l'étude.)

HERMINE

Le voici !

BELLAVOINE

Un client ! (Descendant et saluant Saint-Florent.) A qui ai-je l'honneur ?...

SAINT-FLORENT, saluant.

Le chevalier de Saint-Florent.

BELLAVOINE

L'exécuteur testamentaire de Fanchon la Vielleuse ?

SAINT-FLORENT

Lui-même, monsieur, arrivé d'Amérique depuis 48 heures.

HERMINE

Vous avez à causer d'affaires, messieurs, je vous laisse.

SAINT-FLORENT, saluant.

Madame, votre serviteur très humble.

HERMINE, à part, s'en allant.

Irai-je ? ou n'irai-je pas.

(Elle entre dans la maison à droite.)

SCÈNE VII

BELLAVOINE, SAINT-FLORENT

BELLAVOINE

Si vous voulez prendre la peine de passer dans mon cabinet...

SAINT-FLORENT

Inutile, Monsieur, nous serons parfaitement ici. (Sur un signe de Bellavoine, il s'asseoit.) Vous avez reçu la lettre que j'ai eu l'avantage de vous écrire?

BELLAVOINE

Oui, monsieur le chevalier; c'est par elle que j'ai appris la mort prématurée de cette pauvre Fanchon.

SAINT-FLORENT

Quel dommage!... Une fille si charmante !

BELLAVOINE

Et quel talent ! Pourquoi diable a-t-elle eu l'idée de s'embarquer pour le nouveau monde?

SAINT-FLORENT

Le désir d'augmenter sa fortune, probablement. Moi-même, je me trouvais là-bas pour refaire la mienne.

BELLAVOINE

Ah!...

SAINT-FLORENT

Oui... Je m'étais ruiné au jeu... ma passion favorite... Toujours est-il qu'un mois après son arrivée, Fanchon tomba gravement malade... Se voyant perdue, elle me fit appeler.

BELLAVOINE

Vous la connaissiez... particulièrement?

SAINT-FLORENT

En tout bien tout honneur, Monsieur! J'habitais le même hôtel; entre compatriotes, à l'étranger, on se lie rapidement... « Monsieur le chevalier, me dit-elle, j'ai « laissé en France une fille... »

BELLAVOINE

Mlle Javotte... âgée aujourd'hui de vingt ans. (Souriant.) Une erreur de jeunesse!

SAINT-FLORENT

« Cette fille, je l'ai fait élever secrètement en Savoie, « chez un brave meunier... »

BELLAVOINE

En effet, c'est moi qui réglais tous les ans la pension de la petite.

SAINT-FLORENT

« Voulez-vous vous charger, monsieur le chevalier, de « lui faire parvenir ce que je laisserai après moi?... Vous « n'aurez qu'à le remettre à Me Bellavoine, notaire à Pa- « ris, rue du Petit-Hurleur, qui se chargera de faire le « nécessaire. »

BELLAVOINE

Aussi, dès que votre missive m'est parvenue, j'ai écrit à la jeune personne, et je l'attends aujourd'hui même; elle a dû se mettre en route la semaine dernière, le jour de la Saint-Michel... C'est l'époque à laquelle les jeunes Savoyards ont coutume chaque année de quitter le pays pour se rendre dans la capitale.

SAINT-FLORENT

Et Mlle Javotte aura profité de l'occasion pour faire le voyage en société ?

BELLAVOINE

Bien certainement... C'est ici que la petite troupe a l'habitude de se rendre en arrivant... Originaire moi-même de la Savoie, je m'occupe un peu des affaires de ces braves gens.

SAINT-FLORENT

Sans honoraires ?

BELLAVOINE

Sans honoraires... le simple plaisir d'obliger mes compatriotes.

SAINT-FLORENT, riant.

Mais, alors, vous n'êtes pas un notaire;.. vous êtes le bon génie des petits Savoyards.

BELLAVOINE, riant aussi.

Vous l'avez dit, homme perspicace... Ah ! çà, à propos, en quoi consiste au juste l'héritage de Fanchon ?

SAINT-FLORENT, embarrassé.

En quoi il consiste ?

BELLAVOINE

Oui... Des titres, des espèces sonnantes ?

SAINT-FLORENT

Mon Dieu, je ne pourrais pas vous dire exactement... Ce qu'elle possédait était renfermé dans une caisse que j'ai fait embarquer avec moi ; je l'ai laissée aux Messageries... Je vais donner l'ordre qu'on l'apporte sur-le-champ.

BELLAVOINE

C'est cela ; nous l'ouvrirons en présence de l'héritière.

SAINT-FLORENT

Entendu !

BELLAVOINE
A tout à l'heure, monsieur le chevalier!

SAINT-FLORENT, riant.
A tout à l'heure, bon génie des petits Savoyards!

(Ils rient tous les deux. — Saint-Florent sort.)

SCÈNE VIII

BELLAVOINE, seul, changeant de physionomie.

Eh bien! oui... c'est vrai... Je suis le bon génie des petits Savoyards... mais surtout des petites Savoyardes; les voilà, mes honoraires... Je préfère toucher en nature... Mais, malheureux! me dira-t-on, et ta femme, et ta clientèle?... (Fredonnant.)

O chasteté!
Pudicité!...

J'ai tout prévu!... Je me suis rendu acquéreur dans la rue des Nonnains-d'Hyères d'une petite maison luxueusement meublée dans le goût oriental; elle appartenait à un prince indien qui a été obligé de s'en défaire pour cause de départ... Une occasion superbe!... J'ai tout acheté en bloc; l'immeuble, le mobilier, les étoffes... C'est là que je vais faire mes petites farces incognito... Je dépouille l'officier ministériel et on ne me connaît là-bas que sous le nom du prince Visapour... (On entend dans le lointain le son des vielles.) Ah! voilà mon petit monde qui arrive!

(Entrée de la bande des petits Savoyards et des petites Savoyardes, ramoneurs, vielleuses, montreuses de marmottes, etc. Derrière eux, le père Grenouillot et son fils Jacquot.)

SCÈNE IX

BELLAVOINE, GRENOUILLOT, JACQUOT, Jeunes
Savoyards et Savoyardes.

CHŒUR
Eh! youp! enfants de la Savoie!
Nous avons quitté le pays;
C'est le bon Dieu qui nous envoie
　　Chercher fortune à Paris.
Là-bas, quand nous retournerons,
　　Nous rapporterons
　　　　Plein nos poches
　　Des écus blancs et ronds
Pour nos amis et pour nos proches.
Eh! youp! enfants de la Savoie!

BELLAVOINE
Bonjour, mes amis, bonjour.

TOUS
Bonjour, Monsieur le notaire!

GRENOUILLOT
Bonjour, M⁰ Bellavoine !

JACQUOT, cherchant.
Eh ben... et Javotte ?

BELLAVOINE
La fille de Fanchon ?

JACQUOT
Où qu'elle est passée ?

GRENOUILLOT
Elle était là avec nous, il n'y a qu'un instant...

JACQUOT, désolé

V'là la Javotte perdue à c't'heure !... mon Dieu ! mon Dieu !

GRENOUILLOT

N'aie pas peur, va, mon gars, elle n'a pas sa langue dans sa poche... elle saura bien demander son chemin.

JAVOTTE, dans la coulisse.

Me v'là ! me v'là !

GRENOUILLOT

Tiens ! l'entends-tu ? Quand je te le disais !

(Entre Javotte très gaie.)

SCÈNE X

Les Mêmes, JAVOTTE

JAVOTTE

Enfin ! ce n'est pas sans peine !

JACQUOT

Mais qué qu'y t'est donc arrivé ?

JAVOTTE

Ah ! ne m'en parlez pas, allez ! Dieu de Dieu ! c'est y grand, cette capitale !... figurez-vous qu'en traversant le marché des Innocents, je m'étais arrêtée à regarder un singe qui faisait des tours... (Regardant Bellavoine et poussant un cri.) Ah !

JACQUOT

Quoi donc ?

JAVOTTE

J'croyais que c'était encore lui... Tout à coup, je me retourne... pfffit !... plus personne... vous aviez tous disparu... en même temps, voilà un tas de freluquets, de godelureaux, la bouche en cœur, qui se mettent à m'entourer... à me dégoiser un tas de faribolos...

ACTE PREMIER

JACQUOT

Les gueux !

JAVOTTE

Sans compter que pendant ce temps-là... il y en avait d'autres, dans la foule, des plus effrontés encore qui se permettaient de porter les mains...

JACQUOT, vivement.

Sur quoi, Javotte ? sur quoi ?

JAVOTTE

Oùsqu'il ne faut pas !

JACQUOT

Dieu ! que c'est donc mesquin de leur part !

JAVOTTE

Oh ! sois tranquille, va, ça n'a pas été long... j'ai administré à droite, à gauche, une volée de calottes... J'ai pris mes jambes à mon cou... J'ai enfilé un tas de rues, de ruelles, de passages, et me voilà, sans un accroc à ma toilette... ni à ma vertu.

BELLAVOINE, à part.

Gré coquin ! elle vous a des yeux !

JACQUOT, à Javotte.

Enfin, te v'là retrouvée, c'est le principal.

GRENOUILLOT

Pour lorss, monsieur le notaire, elle est donc arrivée cette fameuse succession ?

BELLAVOINE

Oui, mon ami... elle est renfermée dans une caisse qu'on va apporter ici tout à l'heure.

GRENOUILLOT, radieux.

Une caisse !... t'entends, Javotte ? (à Bellavoine) Et... est-ce qu'elle est grosse, c'te caisse ?

BELLAVOINE
Je ne l'ai pas vue, mais je le suppose...

GRENOUILLOT, de même.
Une grosse caisse !... t'entends, Jacquot ?

BELLAVOINE, à Javotte.
En attendant, venez un peu avec moi, mon enfant, j'ai besoin de quelques renseignements pour préparer mes petits procès-verbaux.

GRENOUILLOT, avec empressement.
J'y vas moi, monsieur le notaire... elle ne connaît rien de rien aux affaires, c't'innocente... D'ailleurs je suis quasiment son père, pas vrai, ma Javotte ?

JAVOTTE
Oui, père Grenouillot.

GRENOUILLOT, bas à Bellavoine.
Allons-nous en, monsieur le notaire... Faut les laisser seuls... Les amoureux, ça a un tas de choses à se dire ! (à Javotte.) Reste là, avec Jacquot ; je t'appellerons, si j'ons besoin de toi pour quelque paragraphe !

BELLAVOINE, aux Savoyards.
Pendant ce temps-là, vous autres, allez vous rafraîchir à l'office...

UN SAVOYARD
Ce n'est pas de refus, maître Bellavoine.
(Reprise du chœur des Savoyards à l'orchestre. Bellavoine entre à l'étude avec Grenouillot. Tous les petits Savoyards et les petites Savoyardes entrent dans la maison. Jacquot et Javotte restent seuls en scène.)

SCÈNE XI
JACQUOT, JAVOTTE

JACQUOT
Ma pauvre Javotte ! qu'est-ce que je serais donc devenu, si ces scélérats de Parisiens t'avaient enjôlée !

JAVOTTE

Y a pas de danger, va ! ils auraient trouvé à qui parler.

JACQUOT

Ça, c'est vrai, t'es une brave fille !

JAVOTTE

Dam ! je défends mon bien... et le tien... je ne dois t'y pas être ta femme ?

JACQUOT

Et j'espère que ça ne tardera pas trop. Dieu de Dieu ! y a-t-il assez longtemps que je soupire après ce moment-là !

JAVOTTE

Ce n'est pas surprenant, mon Jacquot... quand on s'est connu tout jeune, et qu'on s'affectionne dès le bas âge.

JACQUOT

Te rappelles-tu quand nous étions gamins ?

DUO

JACQUOT

Quand je dénichais des moineaux,
Tout en déchirant ma culotte,
Je m'disais : C'est pour ma Javotte...
Et j't'rapportais les plus biaux.

JAVOTTE

Moi quand j'allais dans la prairie
Cueillir bluet et coqu'licot,
En liant ma gerbe fleurie,
Je m'disais : C'est pour mon Jacquot.

JACQUOT

Quand on jouait à cache-cache,
Nous cherchions toujours un p'tit coin,
Ben loin, ben loin !

JAVOTTE
Ben loin, ben loin.

JACQUOT
Et là, tous les deux, sans qu'on l'sache,
Comm' nous nous embrassions !
Comm' nous nous bécotions !
Nous nous poussions...
Nous nous pincions...
Et gentiment, pour rire, nous jouions...

ENSEMBLE
A petit mari, petit mari, petite femme !
Ah ! que ce jeu-là, que ce jeu-là nous semblait doux !
Etre tous deux époux,
Rien qu'd'y penser mon cœur s'enflamme !
Ah ! Dieu de Dieu !
Quel joli jeu !
Petit mari ! petite femme !

JACQUOT
A présent, te v'là grande fille...

JAVOTTE
Maint'nant t'est d'venu grand garçon.

JACQUOT
J'te trouve toujours la plus gentille,

JAVOTTE
J'trouv'toujours que t'as bonn'façon.

JACQUOT
Aussi, j'soupire après la noce ;
Vrai ! c'est atroce !
Si ça train', j'vas d' venir idiot !

JAVOTTE
D'mon côté, c'est incontestable,
Il n'me s'ra pas désagréable
D'm'entendre app'ler madam'Jacquot.

JACQUOT

Dieu ! quel gentil ménage,
Gais tourtereaux, nous f'rons dans notre cage !
Nous nous bécoterons...
Nous nous cajolerons...
Côte à côte nous dormirons...
Et pour tout d'bon c'te fois-là nous jouerons...

ENSEMBLE

A petit mari, petit mari, petite femme !
Que ce joli jeu, ce joli jeu-là sera doux !
Etre tous deux époux !
etc.

JACQUOT

Ma fine, tant pis ! Je prends toujours un à compte.

(Il embrasse Javotte. — A ce moment Bellavoine et Grenouillot reparaissent à la porte de l'étude.)

SCÈNE XII

Les Mêmes, BELLAVOINE, GRENOUILLOT

BELLAVOINE

Ah ! çà, on ne fait donc que s'embrasser ici ?

GRENOUILLOT

Sont-ils gentils !

JAVOTTE, s'écartant vivement de Jacquot.

Monsieur Grenouillot, je vous jure que c'est Jacquot...

JACQUOT

Bédame ! puisque le sacrement pataraphera tout ça, pas vrai ?

BELLAVOINE, à part.

Si ce n'est pas un meurtre !... une si jolie fille pour un rustaud de cette espèce !

GRENOUILLOT

Et la grosse caisse, monsieur le notaire ? Est-ce qu'elle ne va pas arriver bientôt ?

BELLAVOINE, à part.

Dieu ! qu'il m'ennuie, cet oiseau-là, avec sa grosse caisse !...

HERMINE, paraissant à la fenêtre du premier étage.

Mon ami ! regardez donc... les facteurs des Messageries...

BELLAVOINE

Et tenez, la voici, la caisse ! (Il va ouvrir la grille. — Entrent deux facteurs des messageries portant une caisse d'emballage.)

GRENOUILLOT, joyeux.

V'là l'héritage, Jacquot ! v'là l'héritage !

HERMINE

Pouvons-nous descendre ?

BELLAVOINE

Parfaitement. (Aux porteurs.) Allons, placez là, sur cette table...

(Il a fait un signe dans l'étude ; deux clercs apportent une table qu'ils placent dans le jardin au milieu de la scène. — Les porteurs posent la caisse sur la table. — Tous les autres clercs sortent pour assister à l'ouverture. — Le chevalier de Saint-Florent est entré à la suite des porteurs, mais il reste un peu à l'écart, sans se faire voir des autres personnages. Il suit de loin curieusement la scène, en manifestant ses impressions par des gestes. — Sur un signe fait par Grenouillot dans la coulisse, les petits Savoyards et les petites Savoyardes rentrent également en scène.)

SCÈNE XIII

Les Mêmes, HERMINE, SAINT-FLORENT, Les Clercs, Savoyards, Savoyardes

SCÈNE ET ENSEMBLE

CHŒUR

La voilà, la voilà,
Cette caisse mystérieuse !
Elle est là, elle est là,
Cette fortune merveilleuse !
Vite, vite, attention !
Cette riche succession,
C'est l'héritage de Fanchon,
De Fanchon la Vielleuse !

BELLAVOINE

Maintenant, brisons les scellés.
(Montrant la caisse.)
Ils sont intacts, immaculés...

GRENOUILLOT ET LES AUTRES, s'approchant.

Voyons les scellés...
Ils sont intacts, immaculés...

BELLAVOINE, les écartant.

Allons, rangez vous en cercle...
Je fais sauter le couvercle..,
Attention !

TOUS

Moment plein d'émotion !...

(Musique de scène. — Bellavoine fait sauter les planches avec un ciseau, puis il enlève la paille. — Les assistants suivent avec curiosité ces divers mouvements. Saint-Florent, de loin, se penche pour voir ce qui se passe. Enfin Bellavoine tire de la caisse une vielle garnie de vieux rubans fanés. L'orchestre joue le motif de l'air connu de « Fanchon la Vielleuse » : « Aux montagnes de la Savoie. » Stupéfaction de chacun.)

BELLAVOINE, parlé.

Une vielle !

TOUS

Une vielle !

SAINT-FLORENT, à part.

Comment ? Rien que cela ?

HERMINE

Eh ! quoi, pas autre chose ?...

JAVOTTE, désappointée.

Oh !

SAINT-FLORENT, à part.

Pauvre petite !

GRENOUILLOT

Fouillez donc encore, monsieur le notaire, vous êtes ben sûr qu'il n'y a plus rien ?

BELLAVOINE, retournant la caisse.

Absolument rien... voyez...

GRENOUILLOT

C'te Fanchon !... c'est-il plat de sa part !... une femme qui a gagné tant d'argent dans sa vie, à ce qu'on raconte !

JAVOTTE, sérieuse.

Eh bien quoi, après tout ? Cet argent, c'était le sien, elle avait le droit d'en disposer à sa fantaisie. Elle était bonne et généreuse... comme les vrais artistes... et je lui garde autant de reconnaissance pour cette pauvre vielle aux rubans jaunis, que si elle m'avait laissé une grosse fortune !

SAINT-FLORENT, à part.

Brave fille !

(Reprise du chœur.)

ENSEMBLE

BELLAVOINE, GRENOUILLOT, LES CLERCS, LES SAVOYARDS, LES SAVOYARDES.	JAVOTTE, JACQUOT, HERMINE
Quoi, c'est là, c'était là !	Quoi, c'est là, c'était là !
Cette affaire mystérieuse !	Cette affaire mystérieuse !
La voilà ! la voilà !	Là voilà ! la voilà !
Cette fortune merveilleuse !	Cette fortune merveilleuse !
La belle succession,	Adieu rêve ambition !
Une vielle d'occasion,	Une vielle d'occasion,
C'est l'héritage de Fanchon,	C'est l'héritage de Fanchon,
De Fanchon la Vielleuse !	De Fanchon la Vielleuse.

SAINT-FLORENT, à part.

Hélas ! quoi ! rien que ça !
Pauvre enfant, elle si joyeuse !
A présent, la voilà !
Toute pensive et soucieuse !
Adieu, rêve, ambition !
Une vielle d'occasion,
C'est l'héritage de Fanchon,
De Fanchon la Vielleuse !

HERMINE

C'est bien, mon enfant, ce que vous avez dit là !

JACQUOT

Ah ! Javotte, t'es comme ta mère... t'as bon cœur aussi !

GRENOUILLOT, de mauvaise humeur.

Quéque qui te demande quéque chose, à toi ?

JAVOTTE

Et puis, est-ce qu'on a besoin d'être riche pour être heureux, pas vrai, mon Jacquot ? Nous avons de bons bras... Eh ! bon, on en sera quitte pour travailler double, et quand nous serons dans notre ménage...

GRENOUILLOT, brusquement.

Hein ? Quéque tu as dit ? mon fils épouser une sans le sou !

BELLAVOINE, à part.

Le cri du cœur !

GRENOUILLOT

Qui qu'a pu jamais avoir une idée pareille ?

JACQUOT

Mais, papa, c'est vous qui tout à l'heure encore...

GRENOUILLOT

Ah ! ça, vas-tu me ficher la paix, toi, à la fin ! Je n'veux plus entendre parler de ça, tu m'entends !

HERMINE, à part.

Cet homme ne comprend pas l'amour !

JACQUOT

Mais nous ne pouvons pas abandonner Javotte comme ça !

GRENOUILLOT

Elle est d'âge à se tirer d'affaire.

JACQUOT, pleurnichant.

Ma Javotte !

JAVOTTE, de même.

Mon Jacquot !

HERMINE, à part.

Les pauvres enfants !

SAINT-FLORENT, à part.

Ça me fend le cœur !

GRENOUILLOT, à Jacquot.

Tu sais, nous repartons pour le pays ce soir même... A quatre heures au Plat-d'Etain !... Et sois exact... ou sinon. (Il fait le geste de donner des taloches.) Bien l'bonjour, m'sieu le notaire.

JAVOTTE ET JACQUOT

Hi ! hi ! hi ! papa, papa !

GRENOUILLOT, sortant.

A quatre heures... tu m'entends

HERMINE

Allons, mes amis, venez retrouver vos petits camarades ; vous avez besoin de vous réconforter un peu !

JAVOTTE

Oh ! j'ai tant de chagrin !

JACQUOT

Et moi donc ! raison de plus pour se sustanter.

(Hermine fait passer Jacquot et Javotte devant elle.)

HERMINE, à part.

Décidément, la vertu est la plus forte ! Je n'irai pas chez M. Zéphyrin. (Elle entre dans la maison; on emporte la table et la vielle. Sortie générale; il ne reste en scène que Bellavoine et Saint-Florent.)

SCÈNE XIV

BELLAVOINE, SAINT-FLORENT

BELLAVOINE, à part, jubilant.

Bonne affaire ! Cette petite Javotte, la voilà seule, sur le pavé de Paris, il y aura peut-être moyen... (Il fait une pirouette et se rencontre nez à nez avec Saint-Florent surpris; il change brusquement sa physionomie et reprend un air grave.) Tiens ! vous étiez là, vous ?

SAINT-FLORENT, embarrassé.

Oui... j'étais là.

BELLAVOINE

Eh bien, dites donc, il est joli l'héritage de Fanchon ! Qu'est-ce que je m'en vais toucher d'honoraires là-dessus ? Je vous demande un peu.

SAINT-FLORENT

Dame... Monsieur...

BELLAVOINE

C'est tout de même bizarre, vous me l'avouerez, que Fanchon vous ait dérangés pour ne nous remettre que cet instrument.

SAINT-FLORENT

En effet... je croyais moi-même que la caisse contenait autre chose.

DELLAVOINE

Voyons ! Il est inadmissible qu'elle n'ait pas laissé quelque argent mignon !... Elle en avait emporté là-bas, j'en suis sûr... j'ai encore là son dernier compte... (Appelant.) Justin !... passez-moi donc le dossier 229...

SAINT-FLORENT, l'arrêtant.

Monsieur !... Je vous en supplie !...

DELLAVOINE

Hein ?... regardez-moi donc un peu en face. Vous avez l'air troublé !... Je ne suspecte pas votre bonne foi, mais vous avez l'air plus que troublé même !...

SAINT-FLORENT

C'est que...

DELLAVOINE

C'est que... quoi !

SAINT-FLORENT

Ne me perdez pas, je vais tout vous dire... Ah ! coquine de noire !

DELLAVOINE

Quelle noire ? Une négresse ? En Amérique, là-bas ?

SAINT-FLORENT

Non ! non ! non ! La noire... au trente et quarante !

DELLAVOINE

Expliquez-vous mieux.

SAINT-FLORENT

Voilà ! En dehors de cette caisse, il y avait chez Fanchon dix mille écus !

DELLAVOINE

Dix mille écus !

SAINT-FLORENT

De trois livres, ce qui faisait trente mille francs.

BELLAVOINE

Et cet argent ?...

SAINT-FLORENT

Je vous l'apportais, lorsqu'hier soir en arrivant à Paris, la malechance me fait passer dans le Palais-Royal, devant le 113.

BELLAVOINE

Et vous avez joué ?

SAINT-FLORENT

Oui, monsieur, car j'ai une martingale ; une martingale infaillible...

BELLAVOINE

Infaillible ?

SAINT-FLORENT

Excepté hier soir... Je voulais tripler, centupler la somme... Je comptais remettre à Javotte une fortune... Ah ! bien oui ! je jouais sur la rouge, et la noire a passé vingt-deux fois ! ça ne s'était jamais vu !

BELLAVOINE

Alors, les trente mille francs de Fanchon ?...

SAINT-FLORENT

Perdus ! avec tout ce que je rapportais d'Amérique... Cent trente-sept francs... (Virement.) Oh ! je suis tout ce que vous allez me dire : Je suis un coquin, c'est vrai... Mais j'emploierai ma vie à réparer ma faute... Je rembourserai tout à cette enfant. C'est une dette d'honneur ; quand je devrais, moi, gentilhomme, cirer les bottes au coin des rues !

BELLAVOINE, goguenard.

C'est d'un grand cœur ! Seulement, il faudrait que vous en cirassiez joliment pour arriver à...

SAINT-FLORENT

En effet... mais vous pouvez peut-être, vous... Traitez-moi comme un petit Savoyard... Soyez mon bon génie, trouvez-moi une place.

BELLAVOINE, à part.

Tiens ! au fait ! Le petit clerc que j'ai renvoyé ce matin !... (à Saint-Florent.) Avez-vous une belle écriture ?

SAINT-FLORENT

Quant à ça, une main superbe... une bâtarde moulée.

BELLAVOINE

Eh bien ! si vous voulez, je vais vous aider à vous acquitter... Ça vous irait-il d'être saute-ruisseau ?

SAINT-FLORENT

Je ne suis peut-être pas bien ingambe, mais ça m'est égal.

BELLAVOINE

J'ai flanqué le mien à la porte pour immoralité ; j'aime à croire qu'à votre âge...

SAINT-FLORENT

Les appointements ?

BELLAVOINE

Vingt francs par mois ; j'en donnais trente à votre prédécesseur, mais vous, comme je vous tiens...

SAINT-FLORENT

Je vous comprends, et j'accepte.

BELLAVOINE

C'est dit... entrez là, vous y trouverez vos nouveaux camarades.

SAINT-FLORENT

Ah ! oui, ceux qui rangent si bien les papiers... (à part.) C'est égal... vingt francs par mois... Enfin ! puisqu'il le faut ! en attendant mieux ! (Il entre à l'étude. On entend des éclats de rire dans l'intérieur.)

BELLAVOINE, sévèrement, parlant à ses clercs sur le pas de la porte de l'étude.

Allons, Messieurs, pas de brimades... mon étude est le temple de la vertu !

(Javotte sort lentement de la maison, l'air mélancolique.)

SCÈNE XV

BELLAVOINE, JAVOTTE

JAVOTTE, se parlant à elle-même.

Non... je ne peux pas manger... ça m'étouffe !

(Elle s'essuie les yeux.)

BELLAVOINE, se retournant et l'apercevant, à part.

Javotte !... non ! Mais vous en a-t-elle des yeux ! (A Javotte.) Voyons, ma chère enfant, il ne faut pas vous faire du chagrin comme ça !

JAVOTTE

Vous en parlez à votre aise, Monsieur le notaire ; qu'est-ce que je vas devenir maintenant dans ce grand Paris.

BELLAVOINE

Gentille comme vous l'êtes, on peut rencontrer un ami, un ami discret, qui s'intéresse à vous... Moi, par exemple.

JAVOTTE

Vous !

BELLAVOINE

Oui... je te trouverai une petite position.

JAVOTTE

Servante ?

BELLAVOINE, souriant.

Non... au contraire !

JAVOTTE

Dans le commerce alors?

BELLAVOINE

Un commerce... agréable.

JAVOTTE

Logée?

BELLAVOINE

Oui.

JAVOTTE

Nourrie?

BELLAVOINE

Succulemment.

JAVOTTE

Et qué qu'il y aura à faire?

BELLAVOINE, la couvant des yeux.

Presque rien... Je te dirai ça... (Apercevant Hermine qui paraît sur le seuil de la maison.) Chut! pas un mot devant ma femme.

JAVOTTE, surprise.

Bah! (A part.) Ah! très bien... je devine ce que c'est que sa petite position... Oh! un notaire!...

(Hermine descend le perron. Elle est en toilette de sortie, son chapeau sur la tête.)

SCÈNE XVI

Les Mêmes, HERMINE

HERMINE, descendant, à part.

Décidément la vertu est la moins forte... J'irai chez M. Zéphyrin... pauvre garçon, il attend peut-être après son cachet.

BELLAVOINE, allant à elle avec une affectation d'amabilité.

Tu sors, chère amie?

HERMINE

Oui, mon ami... je vais voir ma tante... Tu sais, ma bonne tante Clémentine.

BELLAVOINE

Ne sois pas longtemps, ma petite caille dodue !

HERMINE

N'aie pas peur mon gros lapin bleu !

(Ils s'embrassent avec affectation.)

JAVOTTE, à part, les regardant.

Le monstre d'homme ! une femme qui l'aime tant !

(Les petits Savoyards et les petites Savoyardes rentrent en scène, Saint-Florent, les clercs et les femmes de chambre sortent également et se mettent aux fenêtres de l'étude et de la maison, pour les voir partir. — Javotte disparaît un moment derrière la foule.)

SCÈNE XVII

Les mêmes, SAINT-FLORENT, les petits savoyards, les petites savoyardes, clercs, femmes de chambre, puis JACQUOT.

FINAL

CHŒUR

Bien lestés, bien rafraîchis,
Sans argent et sans soucis,
Dans Paris
Nous / Les } voilà partis
Allons / Ils vont } gaiement d'un pied agile,
Dans les quartiers
De la grand'ville
Exercer { nos / leurs } petits métiers.

(Jacquot sort de la maison, tenant à la main une grande tartine dans laquelle il mord à belles dents tout en en sanglotant).

JACQUOT, *sanglotant.*
Oh! Oh!
Oh! que la vie est douloureuse!
J'ai trop d'chagrin...
Ça m'creuse! ça m'creuse!
Je meurs de faim!

REPRISE DU CHŒUR

JAVOTTE, *reparaissant.*
Me voici, mes amis, je suis aussi des vôtres!

TOUS
Javotte!

JAVOTTE
Je m'en vais faire comme vous autres
Il faut bien gagner ma dot
Pour épouser mon Jacquot!

JACQUOT
Mon Dieu! mon Dieu! je souffre trop!

JAVOTTE
Pauvre Jacquot!

COUPLETS

I

Ami, reprends courage,
Essuie ainsi que moi les larmes de tes yeux;
Va, retourne au village
Et redis la chanson que nous chantions tous deux :
Verdurin! Verdurette!
Toujours le cœur en fête,
Sans souci ni chagrin...
Verdurette!
Jetons un gai refrain...
Verdurin
Aux échos du chemin!

JACQUOT

II

Oui d'un destin barbare
Moquons-nous, ma Javotte, et foi dans l'avenir !
Si le sort nous sépare
L'amour un jour prochain saura nous réunir.
Verdurin ! Verdurette !
Toujours le cœur en fête,
Sans souci ni chagrin...
Verdurette !
Jetons un gai refrain...
Verdurin !
Aux échos du chemin !

(Bellavoine apporte à Javotte la vielle trouvée dans la caisse.)

JAVOTTE

Maintenant, seule à Paris, sans famille,
Je vais gagner ma vie à ma façon...
(Montrant sa vielle.)
L'héritage de Fanchon
Portera bonheur à sa fille.

TOUS

Oui, l'héritage de Fanchon
Portera bonheur à sa fille !

BELLAVOINE

Charmante fille !
Qu'elle est gentille !

JAVOTTE

ROMANCE

(Vieil air de : *Fanchon la Vielleuse.*)

I

Loin des montagnes de Savoie,
De Fanchon suivant le destin,
Je saurai, puisqu'on me renvoie,
A Paris faire mon chemin !

Comme elle pour braver la chance,
J'ai mes chansons, vingt ans, ma vielle et l'espérance !
Vingt ans, ma vielle et l'espérance !

II

(A Jacquot.)

A ta Javotte sois fidèle,
Jacquot, garde-lui ton amour ;
Si l'absence est un peu cruelle,
Nous nous marierons au retour.
Pour attendre avec patience,
J'ai mes chansons, vingt ans, ma vielle et l'espérance !
Vingt ans, ma vielle et l'espérance !

BELLAVOINE, à part, se frottant les mains.

Quel joli petit fruit d'amour !
Voilà des charmes faits au tour
Que je m'offrirai quelque jour.

JAVOTTE, très gaiement.

En route ! allons plus de tristesse !
De nous le ciel se chargera ;
Il est un Dieu pour la jeunesse
Et demain le soleil luira !

(Reprenant le refrain des couplets.)

Verdurin !... Verdurette !...
Toujours le cœur en fête !
Sans souci ni chagrin...
  Verdurette !
Chantant notre refrain...
  Verdurin !
Mettons-nous en chemin !

(Reprise par le chœur.)

(Jacquot embrasse Javotte et se met à pleurer dans son mouchoir ; Javotte part suivie des autres petits Savoyards et Savoyardes. On l'entend encore au dehors répéter le refrain de sa chanson.)

RIDEAU

ACTE DEUXIÈME

Une chambre mansardée au dernier étage d'une maison de la place Maubert, à Paris. — A droite, premier plan, une cheminée praticable. — Un peu plus loin, du même côté, une fenêtre en mansarde donnant sur les toits. Au fond, une porte ouvrant sur le palier de l'escalier dont on aperçoit l'amorce au dehors. — A gauche, premier plan, une petite porte communiquant avec le logement voisin. — Du même côté, un peu plus loin, un petit lit garni de rideaux de cotonnade. — Une petite table en bois blanc, quelques chaises de paille.
Au lever du rideau la scène est vide, la porte du fond s'ouvre avec précaution et le chevalier de Saint-Florent paraît. — Musique de scène à l'orchestre.

SCÈNE PREMIÈRE

SAINT-FLORENT

Après avoir regardé dans la chambre pour s'assurer qu'il n'y a personne, il entre d'un air mystérieux, descend jusqu'à la table et y dépose un petit bouquet.

Là! Mademoiselle Javotte! voilà pour égayer votre chambrette! Chaque jour, je lui apporte un petit bouquet, en cachette... Ce n'est pas grand'chose, mais on fait ce qu'on peut. Ah! que je voudrais lui être utile, à cette chère mignonne, d'une façon plus efficace! Mais que faire pour cela?... Je n'ai encore rien trouvé... (On entend rire Javotte et les vieilleuses au dehors.) Allons, bon!... C'est elle!... Je vais me faire pincer... (Il se cache derrière le rideau du lit. — Javotte entre gaîment, sa vielle au côté, tenant à la main la petite corbeille d'osier qui lui sert à faire la quête. — Quelques vielleuses, celles qu'on a vues au final du premier acte, l'accompagnent, elles tiennent également à la main leur petite corbeille d'osier.)

SCÈNE II

JAVOTTE, SAINT-FLORENT coché, JEUNES VIELLEUSES parmi lesquelles MARGOT et THÉRÈSE

(Elles entrent en chantant « Verduin! Verdurette! »)

JAVOTTE, allant à la table et montrant le bouquet déposé par Saint-Florent.

Tenez!... quand je vous le disais! Tous les soirs en rentrant, j'en trouve un pareil sur ma table...

MARGOT

Tu laisses donc ta clef sur la porte?

JAVOTTE

Qu'ai-je à craindre? il n'y a rien à prendre chez moi... (Riant.) sauf lorsque j'y suis...

THÉRÈSE

Et tu ne sais pas qui peut avoir cette attention délicate?

MARGOT

Peut-être bien quelque bel amoureux.

JAVOTTE, riant.

Impossible de vous renseigner!... j'ai eu beau guetter... je n'ai jamais pu parvenir à découvrir qui m'apportait ce petit bouquet... En tout cas il est le bienvenu... Dame! c'est que je n'ai pas les moyens de m'acheter des fleurs : j'ai ma dot à amasser et la recette ne va pas très fort!

MARGOT

Je te conseille de te plaindre... Tu commences à avoir joliment du succès, depuis huit jours que tu chantes à Tivoli...

JAVOTTE

Qu'est-ce que ce succès-là, auprès de celui qu'avait ma mère ?

THÉRÈSE

Fanchon la vielleuse ?

JAVOTTE

Elle était demandée partout... chez les ministres... à la cour... Ah? si je pouvais seulement aller chanter à un des concerts de la citoyenne Tallien... la beauté à la mode.

MARGOT

Il paraît que tous les artistes en vogue passent par son salon...

JAVOTTE

Oui ! Obtenir une invitation... ce serait pour moi la célébrité... la fortune !

SAINT-FLORENT, à part.

Et moi qui cherchais tout à l'heure... (Profitant d'un moment où on ne peut le voir, il s'esquive vivement et sort. — La porte en se refermant fait un léger bruit.)

SCÈNE III

Les Mêmes, moins SAINT-FLORENT

JAVOTTE, se retournant.

Hein ? il m'a semblé entendre...

MARGOT

En effet... comme si on avait ouvert la porte...

JAVOTTE, allant ouvrir la porte et regardant dehors.

Personne !

TOUTES

C'était le vent !...

(A ce moment on entend jouer de la flûte dans la chambre à côté, à gauche.)

MARGOT

Qu'est-ce que c'est que ça ?

JAVOTTE

Mon voisin... M. Zéphyrin... le flûtiste de l'orchestre de Tivoli...

THÉRÈSE

Ne serait-ce pas lui qui te ferait la galanterie...?

JAVOTTE

Il ne me connaît seulement pas... c'est tout au plus si nous nous sommes rencontrés deux ou trois fois dans l'escalier.

MARGOT, montrant la porte à gauche.

Cette porte donne chez lui ?

JAVOTTE

Oui... mais elle est condamnée...

THÉRÈSE

Et il n'a jamais essayé...?

JAVOTTE, gaiment.

Il serait bien reçu !...

(Elles rient.)

THÉRÈSE

Maintenant que nous t'avons fait la conduite, nous allons rentrer chez nous...

(Elles vont pour sortir.)

JAVOTTE, les retenant.

Attendez donc un peu...

SCÈNE ET ENSEMBLE

JAVOTTE

Un moment, rien ne presse ;
Avant de nous quitter
Si nous faisions la caisse ?...
Il faut compter
e que notre talent a pu nous rapporter.

TOUTES

Faisons la caisse...

(Elles s'asseyent, les unes sur le lit, les autres soit sur une chaise, soit sur la table. — Deux restent debout. — Elles se mettent à compter l'argent contenu dans leurs corbeilles)

LES VIELLEUSES, comptant l'une après l'autre.

Un liard... un sou... deux liards...

JAVOTTE, tirant une pièce d'argent

De l'argent blanc !

Cinq sous !

TOUTES

Cinq sous !

MARGOT

Six blancs !

UNE AUTRE

Trois liards !

THÉRÈSE

Un vieux jeton de cuivre
Rempli de vert de gris !

TOUTES, riant.

Ah ! ah ! ah !...

JAVOTTE

Une livre !

MARGOT

Trois deniers !

UNE AUTRE

Deux sous !...

JAVOTTE, joyeuse.

Un écu neuf et brillant !

LES VIELLEUSES

C'est désolant !
Nous, jamais que du cuivre !
Toi, toujours de l'argent !
Tout pour une !

JAVOTTE, riant.

Les caprices de la fortune !

TOUTES, riant

Les caprices de la fortune !

JAVOTTE

Tout simplement... voilà pourquoi,
En semaine et dimanches,
Je gagne, moi,
Plus de piécettes blanches
Que vous
De petits sous.

ENSEMBLE

LES VIELLEUSES	JAVOTTE
Voilà pourquoi,	Voilà pourquoi,
En semaine et dimanches,	En semaine et dimanches,
Tu gagnes, toi,	Je gagne, moi,
Plus de piécettes blanches,	Plus de piécettes blanches
Que nous	Que vous
De petits sous.	De petits sous !

JAVOTTE

Eh bien... Eh bien... quelle est votre recette ?

TOUTES, souriant.

L'opération
Sera bientôt faite.

ACTE DEUXIÈME

JAVOTTE, prenant sur sa recette des pièces d'argent qu'elle met dans chaque corbeille.

Allons!... prenez... consolez-vous...
Voici pour vous...

LES VIELLEUSES

Pour nous!

JAVOTTE

Oui, pour vous!

TOUTES, joyeuses.

Merci, Javotte!

JAVOTTE

Je suis votre compatriote,
Vous obliger est bien permis,
En souvenir du pays.

TOUTES

En souvenir du pays.

JAVOTTE

En souvenir du pays...
Voilà pourquoi,
A charge de revanche,
J'ajoute, moi,
Quelque piécette blanche
A tous
Vos petits sous!

ENSEMBLE

LES VIELLEUSES	JAVOTTE
Voilà pourquoi,	Voilà pourquoi,
A charge de revanche,	A charge de revanche,
Grâces à toi,	J'ajoute, moi,
Brille une pièce blanche	Quelque piécette blanche
Dans tous	A tous
Nos petits sous!	Vos petits sous!

(Elles rient toutes bruyamment en faisant sonner l'argent dans leurs corbeilles. — La porte du fond s'ouvre brusquement et Zéphyrin paraît sur le seuil.)

SCÈNE IV

Les Mêmes, ZÉPHYRIN

ZÉPHYRIN

Ah! çà... vous n'aurez pas bientôt fini cette vie-là, mesdemoiselles?...

JAVOTTE

Excusez-nous, voisin, nous faisions nos comptes...

ZÉPHYRIN

Ce n'est pas une raison pour empêcher les jeunes gens de travailler... j'attends tout à l'heure, là, chez moi, une de mes élèves... une dame du monde... qui vient prendre sa leçon de chant... nous allons avoir besoin de recueillement...

MARGOT

N'ayez pas peur, monsieur l'artiste, nous parlons!

ZÉPHYRIN

A la bonne heure!... Votre serviteur, mesdemoiselles...

(Il disparaît. Quand il est parti, toutes les petites vielleuses se mettent à rire.)

THÉRÈSE

Très drôle, la petite flûte!...

JAVOTTE

Voulez-vous bien vous taire... Ne me brouillez pas avec mes voisins...

MARGOT

Encore une fois, merci, Javotte, et bonsoir!

TOUTES

Bonsoir, Javotte!

ACTE DEUXIÈME

JAVOTTE

Bonsoir, mes amies... Bonsoir!

(Elles sortent toutes; Javotte les accompagne jusque sur l'escalier.)

SCÈNE V

JAVOTTE

JAVOTTE, seule.

Pauvres filles!... c'est vrai qu'elles n'ont pas de chance... (Mettant dans le tiroir de la table l'argent contenu dans sa corbeille.) C'est égal, ma générosité écorne un peu mes petites économies... bast!... faut bien s'aider, entre artistes... (On frappe à la porte au dehors.) Quelqu'un... qui est-ce qui vient me voir à cette heure-ci?

(Elle va ouvrir. — Bellavoine entre portant dans son bras une pendule recouverte d'un tapis.)

SCÈNE VI

JAVOTTE, BELLAVOINE

JAVOTTE, surprise.

Monsieur le notaire!

BELLAVOINE

Mais oui... c'est moi... j'ai fini par découvrir ton adresse...

(Pendant ce temps-là, il dépose la pendule sur la table.)

JAVOTTE

Qu'est-ce que c'est que ça?

BELLAVOINE

Une petite surprise... (Découvrant la pendule.) Une pendule! Daphnis et Chloé... pour décorer ton misérable intérieur...

JAVOTTE, riant.

Oh! comme vous êtes bon!

BELLAVOINE

Oui, je suis bon... je suis le bon génie des petits Savoyards... mais je suis encore autre chose... je suis amoureux de toi, friponne...

JAVOTTE

Un homme marié!...

BELLAVOIN

Qu'est-ce que ça fait?

JAVOTTE

Eh bien!... et Mme Bellavoine?...

BELLAVOINE

Ma femme!...

JAVOTTE

Si elle vous en faisait autant?...

BELLAVOINE

Un moment!... ça ne serait pas la même chose... Et l'honneur du notariat?... De mémoire d'homme, il n'y a jamais eu un seul notaire qui ait été...

JAVOTTE, riant.

Allons donc!

BELLAVOINE

D'ailleurs, je n'ai aucune crainte avec Mme Bellavoine.. C'est une honnête femme!

JAVOTTE

Eh bien! et moi?... pour qui me prenez-vous?

BELLAVOINE

Toi... tu n'es pas dans le notariat...

JAVOTTE

Et c'est avec cet objet d'art que vous vous êtes imaginé m'éblouir?

BELLAVOINE

Ce n'est qu'un simple échantillon... Si tu veux accepter de venir souper dans certaine petite maison...

JAVOTTE

Vous n'avez pas de honte... Je vous répète que je suis une honnête fille... et, pour commencer, vous allez me faire le plaisir de filer sur-le-champ !

(Elle lui met la pendule dans les bras et le tapis sur la tête.)

BELLAVOINE

Ne te fâche pas, mignonne! Écoute... Parlons sérieusement... Regarde cette pendule : c'est un symbole. Daphnis et Chloé!... Veux-tu être mon Daphnis?... Je serai la Chloé... (Se reprenant.) Non, je veux dire : veux-tu être ma Chloé, je serai ton Daphnis... Je t'en supplie... aime-moi un peu...

JAVOTTE

Vous aimer un peu...

DUO

JAVOTTE, jouant sur sa vielle.

Tra la la la la!
Va-t'en voir s'ils viennent Jean!...

BELLAVOINE

Écoute-moi, rien qu'un moment..,
Cesseras-tu bientôt de faire mon tourment?

JAVOTTE

Ah! vous dirai-je, maman,
Ce qui cause mon tourment?

BELLAVOINE

Voyons, la belle, est-il possible
Que ton cœur ne soit pas sensible?

JAVOTTE

Femme sensible, entends-tu le ramage
De ces oiseaux qui célèbrent leurs feux?...

BELLAVOINE

Eh! quoi, toujours
Le rire sur les lèvres ?
Toujours
Te moquer des amours?
Ne vois-tu pas que j'ai la fièvre?...

JAVOTTE

Une fièvre brûlante
Un jour me terrassait.

BELLAVOINE

Friponne, tu veux donc ma mort?
Allons, un tout petit effort...
Je serai ton berger, tu seras ma bergère...

JAVOTTE.

Il était un' bergère,
Et ron, ron, ron,
Petit Patapon...

BELLAVOINE

Sur la fougère
Tous deux nous irons voir
La lune se lever le soir...

JAVOTTE

Au clair de la lune,
Mon ami Pierrot...

BELLAVOINE

Tout pour toi, ma chère,
Et rien de trop beau ;
Veux-tu des bijoux, un château ?

JAVOTTE

A mon beau château,
Ma tant' lire lire lire...

ACTE DEUXIEME

BELLAVOINE

Aime-moi, c'est si peu de chose!
Même à la rigueur, je suppose,
Fais semblant, ça
Me suffira...

JAVOTTE

Plaisir d'amour ne dure qu'un moment,
Chagrin d'amour dure toute la vie.

ENSEMBLE

JAVOTTE, riant.

Ah! ah! ah! ah! chansons
Sont mes seules raisons.

BELLAVOINE

Assez! assez! chansons
Ne sont pas des raisons!

BELLAVOINE

Alors, comme ça... tu ne veux pas?

JAVOTTE

Je veux que vous sortiez à l'instant même... Allez!...

(Elle ouvre la porte et le pousse dehors. — Bellavoine sort et rentre aussitôt pour reprendre la pendule et le tapis qu'il avait laissés sur la table.)

BELLAVOINE

Décidément, tu ne veux pas de la pendule?... ni du tapis non plus?... Voyons... promets-moi au moins que si jamais tu te décides à mal tourner, tu me donneras la préférence.

JAVOTTE

C'est entendu.

(Il sort.)

BELLAVOINE, rentrant de nouveau.

Écoute donc! Qué que ça te fait? Autant moi qu'un autre... Il est encore temps... Je la laisse?...

JAVOTTE

Voulez-vous bien vous en aller !...

(Elle le pousse au dehors et fait claquer la porte sur lui.)

SCÈNE VII

JAVOTTE, seule.

Voyez-vous cet escogriffe qui s'imaginait... Est-il parti, au moins ?... (Écoutant à la porte.) On dirait qu'il remonte... Attends un peu... (Elle prend son pot à eau, ouvre la porte et va sur le palier regarder par la cage d'escalier.) Non... c'est une dame... une dame voilée !... Comme elle grimpe... Est-elle pressée, donc ! (Hermine voilée paraît au haut de l'escalier, à moitié pâmée. Elle s'arrête défaillante.) Eh bien ! qu'est-ce qui lui prend ? Elle va se trouver mal... (Elle la soutient.) Entrez, entrez, madame...

(Javotte fait asseoir Hermine, qui est toujours à moitié pâmée ; elle lui jette quelques gouttes d'eau au visage.)

HERMINE, sautant.

Ah ! ah ! (Elle revient à elle.)

SCÈNE VIII

JAVOTTE, HERMINE

HERMINE

Mademoiselle... madame... (reconnaissant Javotte.) Javotte !... (Elle relève son voile.)

JAVOTTE, la reconnaissant.

Madame Bellavoine !... (à part.) Elle aura découvert que son mari...

HERMINE

C'est donc ici que tu demeures ?

ACTE DEUXIÈME

JAVOTTE

Mais oui... vous ne saviez pas ?

HERMINE

Du tout... ça tombe on ne peut mieux !... figure-toi qu'en montant l'escalier je me suis rencontrée nez à nez avec mon mari !

JAVOTTE, à part.

Nous y voilà.

HERMINE

J'ai frémi malgré moi... parce que je lui ai dit que j'avais une migraine épouvantable... que j'allais me coucher.

JAVOTTE

Vraiment ?

HERMINE

M. Bellavoine venait probablement de faire quelques emplettes dans la maison, car il avait sous le bras une pendule... un tapis...

JAVOTTE, à part.

Inutile de lui dire dans quel but...

HERMINE

Heureusement j'avais baissé mon voile... mais malgré cela, en passant à côté de moi, il s'est retourné deux ou trois fois d'un air... je tremble qu'il ne m'ait reconnue...

JAVOTTE

Qu'est-ce que ça peut vous faire ?

HERMINE

Je vais te dire... c'est que je me suis décidée depuis quelque temps à prendre des leçons de chant... en catimini... chez un professeur qui habite là, à côté de toi...

JAVOTTE

M. Zéphyrin... la petite flûte ?

HERMINE

Un artiste bien consciencieux!... nous devons étudier ensemble « Bouton de rose »... Un petit nocturne à deux voix.

JAVOTTE, à part.

La dame du monde, c'était elle!... Très bien!... Le mari d'un côté, la femme de l'autre...

HERMINE

Je tiens absolument à ce que M. Bellavoine n'en sache rien... il a horreur de la musique... Et moi... j'ai besoin de distraction.

JAVOTTE

Vous n'êtes donc pas heureuse?

HERMINE, avec un soupir.

Incomplètement!

COUPLETS

I

Pour la musique
J'éprouve un très vif sentiment;
J'aimerais éternellement
Livrer mon âme poétique
À la musique ;
Le malheur, c'est que mon mari
(Les notaires sont tous ainsi)
N'a pas mon penchant favori
Pour la musique!

II

Pour la musique
Entre époux lorsque l'on n'a pas
Le même goût, que faire, hélas ?
C'est très gênant dans la pratique
De la musique ;

Il faut recourir au prochain ;
Voilà pourquoi, soir et matin,
Je viens faire chez le voisin
  De la musique !

JAVOTTE

Je comprends.

HERMINE, allant écouter à la porte.

Il me semble que je n'entends rien !... Regarde donc, Javotte, si tu n'aperçois pas M. Bellavoine ?

JAVOTTE, ouvrant la porte et regardant au dehors dans l'escalier.

Non, madame, soyez sans crainte !

HERMINE

Il ne m'aura pas reconnue... merci de ton hospitalité, Javotte !... Voici l'heure de ma leçon de chant.

JAVOTTE

Et il ne faut pas faire attendre votre professeur...

HERMINE

Un artiste si consciencieux !... Au revoir, Javotte.

JAVOTTE

Au revoir, mame Bellavoine !

(Hermine sort.)

SCÈNE IX

JAVOTTE seule, puis JACQUOT

JAVOTTE, seule.

Il va bien, le couple !... Au moins ils n'ont pas de reproches à se faire !... (On entend un grand bruit dans la cheminée.) Ah ! mon Dieu !... Qu'est-ce qui dégringole dans la cheminée ?... (On voit paraître dans la cheminée les jambes d'un ramoneur.) Des pieds !... Des pieds de ramoneur !... Si j'avais eu mon dîner sur le feu... ça aurait été du gentil ! (Le ramoneur est descendu, c'est Jacquot, tout barbouillé de suie.) Est-il noir ! mon Dieu ! Est-il noir !

JACQUOT, montrant ses dents en riant.

Javotte !

JAVOTTE

Il sait mon nom ?

JACQUOT

Tu ne me reconnais pas?... C'est moi ! Jacquot !...

JAVOTTE

Jacquot !

JACQUOT

Oui... Jacquot... Jacquot qui te cherche depuis un mois dans tout Paris.

JAVOTTE

Malheureux !... qu'est-ce que tu fais dans cet état-là ?

JACQUOT, montrant son costume.

C'est le mien, d'état !... je ramone les cheminées les jours de semaine; les dimanches, je me débarbouille et je montre la lanterne magique.

JAVOTTE

Tu n'es donc pas reparti pour Chamonix ?

JACQUOT

Avec papa ? non !... Quand je suis arrivé au plat d'Etain et que j'ai aperçu de loin la diligence... le désespoir m'a pris... j'ai rebroussé chemin et j'ai lâché papa.

JAVOTTE

S'il te retrouve ?

JACQUOT

Ah ! il fera joliment chaud... sur mes joues, s'il me retrouve !

JAVOTTE

Qu'est-ce qu'il aura dit ?

JACQUOT

Ça, je n'en sais rien... mais pour sûr, le jour où il me rattrapera, je recevrai une de ces raclées...

JAVOTTE

Sérieusement, c'est très mal ce que tu as fait là ! t'as eu tort de désobéir à ton père !

JACQUOT

Quoique tu veux ?... je peux pas vivre sans toi !... je t'aime tant ! (Il va pour lui prendre la taille.)

JAVOTTE, le repoussant doucement.

Allons ! voyons !... à bas les pattes !

JACQUOT

C'est vrai, j'ai le physique un peu noir... et toi, t'es si blanche, ma Javotte...

COUPLETS

I

En ramonant les cheminées
    Dessur le toit,
Tout le long, le long des journées
    J' pensais à toi ;
Et quand, ma besogne finie,
L' soir en songeant je comparais
A la neige de tes attraits
Mon visage couvert de suie,
En moi-même je murmurais :
    Peau noire, peau blanche,
      Sur le même oreiller
        Ça tranche !
Mais, bah ! pour les appareiller
N'y aura qu'à s' débarbouiller ;
Peau noire deviendra peau blanche.

II

> D'un charbonnier si j'ai la mine
>   Et la noirceur,
> Mon âme des fleurs d'aubépine
>   A la blancheur.
> C' n'est pas ça qui d'ailleurs empêche
> De s'adorer... de s'épouser ;
> Javotte laisse-moi poser
> Sur la joue au duvet de pêche
> Un tout petit... petit baiser...

(Il l'embrasse et lui met du noir sur la joue. Javotte voit cela dans un petit miroir accroché au mur.)

JAVOTTE

Là, vois-tu, je te le disais !...

JACQUOT, la ramenant gentiment et montrant les deux joues de Javotte en riant.

> Peau noire... peau blanche...
>   Ça n'est pas régulier,
>   Ça tranche !
> Attends... j'vais les appareiller...
>   T'iras te débarbouiller,
> Peau noire deviendra peau blanche.

(Il l'embrasse sur l'autre joue.)

JAVOTTE, s'essuyant en riant avec son mouchoir.

Vas-tu finir !

JACQUOT

C'est la faute à ton imbécile de portier, qui n'a pas voulu me laisser monter par la grande escalier, rapport à ma tenue... alors, j'ai pris par là... ça me connaît...

JAVOTTE

Mon pauvre Jacquot !

JACQUOT

Eh ben ! et toi ?... ça va-t-il un peu ? fais-tu de bonnes affaires ?

JAVOTTE

Mais oui... (Tirant sa corbeille du tiroir de la table.) Regarde... voilà mon petit magot qui commence à s'arrondir.

JACQUOT

Et c'est avec ta vielle que t'as gagné tout ça ?

JAVOTTE

Certainement.

JACQUOT, un peu défiant.

Tu me le jures ?

JAVOTTE

Est-ce que tu n'aurais pas confiance en moi, par hasard ?

JACQUOT

Si, j'ai confiance... mais ça m'obstine tout de même de te savoir comme ça exposée sur le pavé de Paris... c'est si dangereux pour une jeunesse, de sortir de son atmosphère...

JAVOTTE, riant.

Gros bêta, va !

(On entend dans la chambre à côté jouer sur la flûte le motif « Bouton de rose. »)

JACQUOT

Qu'est-ce qui flûte comme ça, par là ?

JAVOTTE

C'est le voisin qui donne sa leçon.

JACQUOT

Sa leçon de quoi ?

JAVOTTE

De musique, pardine !

(On entend la voix d'Hermine qui chante dans la chambre à côté.)

HERMINE, dans la coulisse.

Bouton de rose,
Tu seras plus heureux que moi,
Car je...

JACQUOT, écoutant.

Y a une dame !

JAVOTTE

C'est son élève...

(Le chant cesse brusquement.)

JACQUOT

Ils ont déjà fini ?

JAVOTTE

Dame ! faut bien respirer un peu.

JACQUOT

On dirait qu'ils s'embrassent.

JAVOTTE

Mais non... ils accordent leurs instruments.

JACQUOT, défiant.

V'là des drôles de leçons tout de même... dis donc, il ne t'en donne pas à toi, au moins ?...

JAVOTTE

Vilain jaloux !

JACQUOT, regardant la porte.

Ça va chez lui, cette porte-là ?

JAVOTTE

Tu vois bien qu'elle est condamnée.

JACQUOT, songeur.

Je n'dis pas... mais si tu veux, nous allons faire une chose !... Tu ne joueras plus de la vielle... nous nous mettrons dans le commerce... nous nous établirons poêliers-fumistes.

JAVOTTE

Tu sais bien que nous ne pouvons pas nous marier sans le consentement de ton père; non, je resterai vielleuse jusqu'à ce que j'aie amassé une dot. C'est très mal d'être jaloux comme ça ! monsieur Jacquot !... Aie confiance, va ! Et maintenant, tu vas être bien gentil... et me faire le plaisir de t'en aller... j'ai sommeil... je vais me coucher.

JACQUOT

Je resterais bien là, sur une chaise.

JAVOTTE

Un garçon dans la chambre d'une demoiselle !...

JACQUOT

Oh ! ça ne me gêne pas..

JAVOTTE

C'est possible... mais moi, j'ai ma réputation à garder... Va-t'en ! va-t'en !

JACQUOT

Allons ! Je m'en vas... bonsoir, Javotte !

JAVOTTE

Bonsoir, Jacquot ! (Il se dirige vers la porte.) Ah! mais non ! pas par là ! je ne veux pas qu'on te voie sortir de chez moi à des heures pareilles.

JACQUOT

Par où veux-tu que je m'en aille?

JAVOTTE

Par où tu es venu... par la cheminée... (Elle lui montre la cheminée.)

JACQUOT

Ah !... Si ça te fait plaisir... (Se baissant dans la cheminée.) Allons, bonsoir, Javotte...

JAVOTTE

Bonsoir, bonsoir !

(Jacquot grimpe dans la cheminée.)

JACQUOT, reparaissant.

Dis donc, Javotte, je ne me rappelle pas si je t'ai dit bonsoir.

JAVOTTE, allumant un morceau de papier et le mettant dans la cheminée en riant.

Vas-tu te dépêcher !

JACQUOT, dans la cheminée.

Aïe... ça brûle !... ça brûle !...

JAVOTTE

Ce pauvre Jacquot... ça m'a fait plaisir de le revoir tout de même... maintenant.., (Elle ôte son fichu.)

JACQUOT, reparaissant à la fenêtre sur le toit.

Dis donc, Javotte !... Je ne me rappelle pas si je t'ai dit bonsoir !...

JAVOTTE

Veux-tu bien te sauver !... En voilà un être qui est curieux !... (Elle referme la fenêtre.) Il est parti !... Ça n'a pas été sans peine ; (bruit de pas précipités dans l'escalier.) Quel est ce tapage? Serait-il arrivé quelque chose à Jacquot?... (Bruit de coups frappés au dehors.) On frappe chez le voisin...

BELLAVOINE, dans la coulisse.

Ouvrez, monsieur !... Ouvrez !

JAVOTTE

La voix de M. Bellavoine !

(La porte de communication à gauche, poussée avec violence, s'ouvre brusquement. Hermine et Zéphyrin, affolés, se précipitent sur la scène.)

SCÈNE XI

JAVOTTE, HERMINE, ZÉPHYRIN

HERMINE

Mon mari... mon mari... nous sommes perdus.

ZÉPHYRIN, brandissant sa flûte.

N'ayez pas peur... je vous défendrai.

JAVOTTE

Allons bon!... Il ne manque plus que ça!

(On entend Bellavoine frapper violemment à une porte sur le palier.)

VOIX DE BELLAVOINE, au dehors.

Au nom de la loi, ouvrez !

HERMINE

Javotte... je t'en supplie... sauve-nous...

JAVOTTE, cherchant.

Comment faire ? (ouvrant vivement la fenêtre.) Filez par là, vous!

ZÉPHYRIN, hésitant.

Sur le toit?... Mais... n'est-ce pas indigne d'un véritable artiste?

JAVOTTE et HERMINE

Allez donc... allez donc...

ZÉPHYRIN, enjambant la fenêtre.

Ah! si mon chef d'orchestre me voyait!...

(Il disparaît.)

HERMINE

Et moi?... (Bruit dans la chambre à gauche.) Ah! il enfonce la porte de Zéphyrin !...

BELLAVOINE, dans la coulisse.

Personne !... Il m'avait pourtant semblé...

HERMINE

L'escalier est libre... je me sauve (Elle sort vivement.)

BELLAVOINE

Ah ! cette porte... (Il entre.) Ah ! la voilà !... Madame !... (Reconnaissant Javotte.) Javotte !...

JAVOTTE

Qu'est-ce que vous venez faire encore chez moi, vous ?... à une heure pareille ?

BELLAVOINE

Pardon... Tu n'aurais pas vu ma femme ?

JAVOTTE, jouant l'étonnement.

Votre femme ?..

BELLAVOINE

Oui... c'est singulier... imagine-toi que tout à l'heure, en sortant de chez toi, j'avais cru la reconnaître dans l'escalier.

JAVOTTE

Eh bien ?.

BELLAVOINE

Comme elle venait de me dire cinq minutes auparavant qu'elle avait une migraine atroce et qu'elle allait se mettre au lit... un soupçon me traverse l'esprit... je rentre vivement à la maison.

JAVOTTE, riant.

Avec votre pendule ?

BELLAVOINE

Non, je l'avais donnée en passant à la fille de la concierge... Elle est très gentille, cette petite... On ne sait jamais... Bref, arrivé chez moi, je pénètre dans l'appartement de ma femme !... Elle n'y était pas !... Le soupçon grandit... grandit, je reviens ici au galop... j'interroge habilement le portier à la lueur d'une pièce de cent sous... et j'apprends qu'il y a dans la maison, au 5e... un nommé Zéphyrin... un musicien... un homme à femmes... Plus de doute, Hermine venait chez lui !... je me précipite... je grimpe, je bouscule tout... et... (Il reste bouche béante dans l'attitude d'un homme qui n'a rien trouvé.)

JAVOTTE, d'un air indigné.

Comment !... vous avez le front d'être jaloux de votre femme ?

BELLAVOINE

Permets... permets... Et l'honneur du notariat !... De mémoire d'homme, il n'y a jamais eu un seul notaire qui ait été .. du reste en y réfléchissant, ce n'était pas possible... Hermine est un ange de pureté !... Ah ça ! mais au fait... et toi ?... une fille si honnête... à ce que tu dis... comment se fait-il que cette porte de communication se trouve ouverte ?...

(A ce moment, la fenêtre s'ouvre violemment et Jacquot paraît sur le toit, ramenant Zéphyrin, qu'il tient par l'oreille.)

SCÈNE XII

Les Mêmes, JACQUOT, ZÉPHYRIN

JACQUOT, à Zéphyrin.

Ah ! je te tiens, mon gaillard !

ZÉPHYRIN

N'poussez pas... vous allez me faire dégringoler. (Il saute dans la chambre ainsi que Jacquot.)

BELLAVOINE, à Javotte.

Voilà donc pourquoi tu étais si pressée de me congédier tout à l'heure !...

JACQUOT, à Zéphyrin.

Parle, gredin... quoi que tu faisais là ?

4.

ZÉPHYRIN, balbutiant et tirant sa flûte de sa poche.

Vous voyez... je donnais une leçon de musique...

JACQUOT

Une leçon de musique... sur le toit ! A qui, alors ?

BELLAVOINE, riant.

Aux chattes, probablement, aux petites chattes !

JAVOTTE, à part.

Je ne peux pourtant pas avouer à Jacquot... devant lui... (Montrant Bellavoine.) Ce serait une trahison !

ZÉPHYRIN

Mais, ramoneur, vous m'étranglez.

JACQUOT, à Zéphyrin.

Allons !... parle... à qui que tu la donnais, c'te leçon de musique ?...

BELLAVOINE, riant et montrant Javotte.

Tu le demandes, naïf Savoyard ?

JACQUOT

Hein ! le notaire ici !... Comment !... Javotte !... il serait possible !...

JAVOTTE, bas, à Jacquot.

Ne crois pas ça... Je te conterai tout...

ZÉPHYRIN

Nous vous conterons tout.

JACQUOT, à Javotte.

Tu me conteras quoi ?... Tu me conteras quoi ?... (Javotte fait des signes en montrant Bellavoine.)

JACQUOT

Qu'est-ce que ça veut dire, toutes ces manigances ? Ah ! tu m'as trompé... je le vois bien... moi qui t'aimais tant !

JAVOTTE, à part.

Non, mais est-il bête, est-il bête !

QUARTETTO

ENSEMBLE

JACQUOT, désolé

C'est affreux, c'est cynique !
Aller dans la musique
Choisir un pareil instrument ?
Moi qui n'adorais qu'elle,
Pendant c'temps l'infidèle,
Me trompait avec son amant !
Quel chagrin ! quel tourment !
L'ingrate a trahi son serment !

BELLAVOINE, à Javotte

A présent tout s'explique :
C'était dans la musique
Qu'elle avait choisi son amant ;
Ne fais plus la cruelle,
Inutile, la belle,
De poser pour le sentiment !
Sur ta vertu, vraiment,
Je suis fixé suffisamment.

JAVOTTE, riant, à part

L'aventure est unique !
Quelle étrange musique !
Tandis qu'à mes pieds l'imprudent
Chantait sa ritournelle.
Son épouse fidèle
Chez le voisin en f'sait autant.
Ah ! ce mari, vraiment,
N'a pas volé son accident !

ZÉPHYRIN, à part

On n'peut plus, c'est inique
Fair' chez soi d'la musique
Sans avoir du désagrément ;
Aux gens chercher querelle
En pleine ritournelle,
Ça n'a pas d'nom, c'est assommant
Que ce mari, vraiment,
Est maladroit ! qu'il est gênant !

JACQUOT, à Javotte

Comment, c'est toi, ma fiancée,
Toi, ma seule pensée,
Toi qui m'avais juré ta foi !...

ZÉPHYRIN, jouant quelques notes sur sa flûte

Tu, tu, tu, tu !

JAVOTTE, montrant Jacquot

Ah ! le jaloux !

BELLAVOINE

Comment, c'est toi ?
Qui me disais, d'un air plein de franchise :
Si jamais je m'décide à faire une bêtise
J'irai vous chercher au plutôt ?

ZÉPHYRIN, sur sa flûte

Tu, tu, tu, tu !

JAVOTTE, à part, montrant Bellavoine

Ah ! le nigaud !
Mais que faire ?... Trahir sa femme ?
Pour ça non.... causer un drame !
Impossible de dire un mot.

REPRISE DE L'ENSEMBLE

(La musique continue à l'orchestre jusqu'à la fin.)

JACQUOT

Adieu, Javotte !... Créature dénaturée... je te donne ma malédiction !... (Il sort.)

BELLAVOINE

Adieu, Javotte !... créature dénaturée !... nous te donnons notre malédiction...

(Bellavoine, Jacquot et Zéphyrin sortent).

SCÈNE XIII

JAVOTTE, puis SAINT-FLORENT

JAVOTTE, seule.

A-t-on jamais vu, ce Jacquot !... bah !... demain, quand il saura la vérité... il sera si content !... (redescendant.) Je ne suis pas inquiète !... Enfin !... cette fois, je vais pouvoir... (On entend à droite dans la coulisse jouer un air de flûte, riant) Ah ! oui... le voisin, maintenant, avec ses exercices de tous les soirs ! (écoutant.) En voilà un air que je connais... (vocalisant avec la flûte) La la la !... La la la !... (Elle continue de vocaliser avec la flûte, s'interrompant de temps en temps pour parler.) Maintenant, mettons-nous en sûreté... (allant fermer la porte de communication et plaçant un meuble devant pour la barricader.) De ce côté-ci... (regardant le carreau cassé de la fenêtre.) Maintenant, la croisée... il vient un vent par là !... (Elle ôte son fichu et va l'accrocher à la fenêtre en guise de rideau. Pendant ce temps la porte du fond s'ouvre doucement et le chevalier de Saint-Florent paraît. La porte en s'ouvrant le masque du côté de Javotte occupée à accrocher son fichu; Saint-Florent entre à pas de loup, descend jusqu'à un tabouret placé près du lit, y dépose une grande enveloppe cachetée, puis s'esquive. Javotte revient et aperçoit l'enveloppe).

Qu'est-ce que c'est que cette lettre ?... qui l'a apportée là ? Peut-être encore ce mystérieux protecteur ? Lisons. (Elle ouvre l'enveloppe et lit.) « La citoyenne Tallien prie mademoiselle Javotte de lui faire le plaisir de venir chanter chez elle demain soir... sa voiture ira la prendre à neuf heures à Tivoli... » (Joyeuse.) La célébrité ! La fortune !... Ah ! qui que tu sois, protecteur mystérieux, merci !... (Nouveau trait de flûte dans la coulisse. Javotte saluant en riant à travers la cloison.) Bonsoir, monsieur le flûtiste. (Elle souffle la chandelle.)

RIDEAU

ACTE TROISIÈME

LE JARDIN DE TIVOLI, A PARIS

A gauche, premier plan, un café champêtre avec cette enseigne : *Café de la Grille.* — Devant le café, des tables ; plus loin, du même côté, des arbres ombrageant une allée qui conduit à la salle de bal. — Au fond, l'embarcadère des montagnes russes qui se perdent derrière les massifs. — A droite, premier plan, des bosquets, à travers lesquels on peut circuler ; décor très gai. — Au lever du rideau, des consommateurs sont attablés devant le café. Joseph et Chalumeau, tous les deux en costume de cochers, sont attablés également et boivent. — Joseph est en livrée de cocher de grande maison, paletot à collet de fourrure ; Chalumeau est en cocher de fiacre. Ils ont tous les deux un grand fouet à côté d'eux. — Des couples se promènent et se perdent sous les arbres. — D'autres, parmi lesquels le chevalier de Saint-Florent, sont assis sur des chaises, les jambes étendues et lisent des gazettes. — Justine sur la balançoire ; un groupe de jeunes filles et de jeunes gens parmi lesquels les clercs du premier acte l'entourent. — Jules, l'ancien petit clerc de Bellavoine, la fait balancer.

SCÈNE PREMIÈRE

JULES, JUSTINE, SAINT-FLORENT, Jeunes gens, Jeunes filles, JOSEPH, CHALUMEAU, Consommateurs, Promeneurs, Promeneuses, AUGUSTE, servant les consommateurs.

CHŒUR

Bourgeois, grisette,
Ouvriers en goguette,
Venez à Tivoli,
Tout est brillant, tout est joli ;
C'est ici

Pour le plaisir un endroit accompli,
C'est chaque jour fête nouvelle,
Fête perpétuelle,
Dans les jardins de Tivoli!

JUSTINE

Balancez, balancez-vous mes belles!
Quel agrément
D'être mollement
Bercée ainsi sous les feuilles nouvelles!
On sent courir, de la nuque aux talons,
D'aimables petits frissons;
Balancez, balancez-vous, mes belles!

CHŒUR

Balancez, balancez-vous, mes belles!
Etc.

JULES

Quoique innocent
Ce jeu plaisant
Procure quelquefois d'agréables surprises;
L'œil indiscret
Lorgne en secret
L'appétissant contour de deux jambes bien prises.

JUSTINE

Plus d'un amoureux
Profite en cachette
Des hasards heureux
De l'escarpolette!

REPRISE

CHŒUR

Balancez, balancez-vous, mes belles!
Etc.

JULES

Hein! Justine. on s'amuse ici!... C'est moi qui suis content que M. Bellavoine m'ait mis à la porte de son étude! J'ai trouvé une place bien meilleure...

JUSTINE

Et moi je suis devenue hétaïre... c'est bien plus avantageux que d'être femme de chambre...

UNE ÉLÉGANTE

Oui, ma petite, mais pour tenir l'emploi, il te manque encore pas mal de choses.

JUSTINE, ironiquement.

Avec vos bons conseils, madame, je me formerai... Monsieur Jules, venez donc me balancer !...

JULES

Ah ! non, ça me fatigue, cet exercice-là ! (A Saint-Florent.) Eh ! là-bas, Saint-Florent, à vous !

TOUS

Le petit clerc ! Le petit clerc !

SAINT-FLORENT, interrompant sa lecture et se levant avec des airs de vieux marquis.

Excusez-moi, je vous prie... Il y a belle lurette que je ne balance plus les dames... Ce sont elles qui m'ont...

(On rit. Saint-Florent se rassied et reprend la lecture de sa gazette.)

CHALUMEAU, à droite, trinquant avec Joseph.

A la tienne, ma vieille !

JOSEPH, trinquant.

A la tienne, mon gros !

CHALUMEAU

Pour lorss, comme ça, t'as la soirée libre ?...

JOSEPH

Jusqu'à neuf heures... On m'a envoyé ici pour chercher une nommée Javotte, qui doit chanter ce soir à la maison...

CHALUMEAU

Chez qui que tu sers ?

JOSEPH, avec importance.

Chez la citoyenne Tallien, mon p'tit ?

CHALUMEAU

Mazette ! t'as de la chance ! (Montrant son chapeau sur lequel est inscrit le n° 46.) Moi, je suis numéroté... J'attends une paire de bourgeois, le mari et la femme, que je viens d'amener à Tivoli...

(Zéphyrin arrive, nu-tête, sa flûte à la main, venant de gauche.)

SCÈNE II

Les Mêmes, ZÉPHYRIN.

ZÉPHYRIN, à part, l'air agité.

Pas encore arrivée !... Je lui ai pourtant écrit : « A six heures, à Tivoli, devant le Café de la Grille. » (Appelant) Garçon !

AUGUSTE

Monsieur... Vous désirez ?... (Le reconnaissant.) Zéphyrin !

ZÉPHYRIN, de même.

Auguste !... Un ancien copain du Conservatoire !...

AUGUSTE

Qué qu'tu fais donc ici ?...

ZÉPHYRIN

Je suis petite flûte à l'orchestre... Et toi ?

AUGUSTE, montrant son tablier.

Tu vois...

ZÉPHYRIN

Garçon de café, toi !... un premier prix de trombone !

AUGUSTE

Voilà où ça mène, le Conservatoire... Je n'ai pas trouvé d'autre engagement... Mais je ne suis ici qu'à titre d'extra... le dimanche ! Autrement, j'ai une place fixe .. chez un étranger... un prince indien... le prince Visapour.

ZÉPHYRIN

Comme musicien ?

5

AUGUSTE

Comme factotum ! Mon occupation principale est de garder une petite maison que le prince possède rue des Nonnains-d'Hyères, au coin du quai des Célestins, et dont j'ai la clé. Il y vient une fois par mois en partie fine...

ZÉPHYRIN

Une fois par mois ! Et ça lui suffit ? Heureux homme !

AUGUSTE

Dans l'intervalle, le prince m'a autorisé à faire quelques corvées supplémentaires pour corser mes appointements.

ZÉPHYRIN

Cumulard, va !... (Changeant de ton.) Dis donc, tu n'aurais pas aperçu, par hasard, une jeune dame... très jolie... avec un monsieur très laid ?...

AUGUSTE, riant.

Ça n'est pas un signalement ça !

ZÉPHYRIN

Si tu l'avais vue, tu l'aurais remarquée... Ah ! Auguste ! que tu es heureux de ne pas être ravagé par l'amour ! Je le suis, moi ! Et si tu savais ce que je souffre !... (Il lui serre la main et rentre dans le parc en jouant comiquement quelques notes sur sa flûte.)

SCÈNE III

Les Mêmes, moins ZÉPHYRIN

JOSEPH, se levant et prenant son fouet, à Chalumeau.

Dis donc, Chalumeau, je vas faire un beillard,.. t'auras l'œil de temps en temps sur mon cheval... (Il rentre au café.)

CHALUMEAU

As pas peur, ma vieille !... J'vas fumer Joséphine en attendant mes bourgeois... (Il sort. — On entend la voix d'Hermine dans la coulisse.)

ACTE TROISIÈME

HERMINE

Par ici, mon ami, par ici.

JULES, regardant dans la grande allée.

Oh ! mes enfants... Plus que ça de genre !... Regardez donc !

(Tout le monde regarde.)

SAINT-FLORENT, qui s'est levé.

Mais c'est le patron et sa femme !

JUSTINE, d'un air moqueur.

Hermine !... Raphaël !

(Bellavoine entre avec Hermine, venant de la grande allée. Il est en costume pharamineux d'incroyable. Hermine est vêtue d'une toilette très légère, dernière mode de l'époque, comme on représente Mme Tallien ou Joséphine Bonaparte : tunique de gaze transparente sur un maillot couleur chair ; mais elle est enveloppée, à son entrée, d'une grande pelisse à capuchon.)

SCÈNE IV

LES MÊMES, MOINS JOSEPH, CHALUMEAU ET AUGUSTE

BELLAVOINE

Eh ! bien, chère amie, vous m'avez demandé de vous conduire ce soir à Tivoli... Etes-vous contente ?

HERMINE

Enchantée... Seulement, il fait une chaleur !... (Elle ôte sa pelisse et la passe à Bellavoine. Sensation.)

TOUS, l'entourant avec curiosité.

Oh !... Exquise !... adorable !...

HERMINE, flattée.

Vous trouvez ?...

RONDO

Voyez, Messieurs... c'est la dernière mode...
De ma toilette admirez l'art subtil :
Appréciez de face et de profil...
    C'est simple, élégant et commode.
Tout son mérite est sa légèreté;
Pour fabriquer ce linon qui me voile,
D'une araignée on aurait pris la toile
Qu'il n'aurait pas plus de limpidité.
Costume entier, la jupe, le corsage,
Pourraient passer au travers d'un anneau,
Et je ferais tenir tout mon trousseau
    Dans ma bague de mariage !...
Cette toilette est pleine d'agréments,
Les connaisseurs la trouvent conquérante,
Et, pénétrant l'étoffe transparente,
L'œil entrevoit mille détails charmants ;
L'art doit ici sa grâce à la nature,
Et le dessous fait valoir le dessus :
Bien des gens même, entre les deux tissus,
    Préfèrent, je crois, la doublure !...
Admirez... détaillez, Messieurs,
    C'est le régal des yeux !

SCÈNE V

Les Mêmes, ZÉPHYRIN

ZÉPHYRIN, entrant, à part.

La voilà !... Enfin !... (Il se faufile du côté d'Hermine.)

BELLAVOINE, à Saint-Florent.

Tiens ! vous ici, Chevalier ?

SAINT-FLORENT.

Mais oui, monsieur Bellavoine... Ce sont mes galeries... Tous les soirs, quand j'ai fermé l'étude, je viens faire un petit tour... lire la gazette... entendre chanter Javotte...

ACTE TROISIÈME

BELLAVOINE.

Comment !... Javotte chante ici ?... Vous en êtes sûr ?

SAINT-FLORENT.

Depuis huit jours, elle n'a pas manqué une seule fois.

BELLAVOINE.

Ah ! bah !

(Pendant ce temps Zéphyrin s'est glissé auprès d'Hermine.)

ZÉPHYRIN, bas à Hermine.

Hermine.

HERMINE.

Vous, monsieur ?... Pourquoi m'avez-vous écrit de venir ?... Je suis venue... mais...

ZÉPHYRIN, de même.

Je ne peux plus vivre sans vous... Il faut que nous reprenions nos leçons.

HERMINE, de même.

Oh ! non... c'est fini... Après la scène d'hier...

BELLAVOINE, à part.

Ah ! Javotte chante ici !... Je ne serais pas fâché de rester, sans ma femme, bien entendu !

ZÉPHYRIN, bas à Hermine.

Mais pourtant,... Hermine ?

HERMINE, bas.

Chut ! on nous observe...

BELLAVOINE, à part.

Tiens !... le musicien... Il vient pour Javotte, c'est sûr... Raison de plus, pour rester ! Mais comment faire ? Ah ! (A Saint-Florent.) Saint-Florent ?... Saint-Florent ?...

SAINT-FLORENT.

Monsieur Bellavoine ?

BELLAVOINE.

Vite... parlez-moi bas...

SAINT-FLORENT.

Pour vous dire quoi ?

BELLAVOINE.

Ce que vous voudrez, vite !

SAINT-FLORENT.

Ce que je voudrai ? Augmentez donc mes appointements !

BELLAVOINE.

Merci. (A Hermine.) Chère amie... Mon petit clerc vient de m'annoncer une nouvelle...

HERMINE.

Quoi donc ?

BELLAVOINE.

Une vraie tuile !... Un de mes meilleurs clients m'attend chez lui pour rédiger son testament... (A Saint-Florent.) Dites comme moi !...

SAINT-FLORENT.

En effet... un de nos meilleurs clients...

HERMINE.

Il faut y aller, mon ami !

BELLAVOINE.

C'est ce que je vais faire. Heureusement, le fiacre qui nous a amenés est là... Le n° 46, vous savez... Le cocher a l'air très convenable... Il vous reconduira...

HERMINE.

Parfait, mon ami... Du moment qu'il s'agit d'une affaire importante.

ZÉPHYRIN, bas à Hermine.

Vous voyez... vous allez partir toute seule... Laissez-moi vous accompagner... nous irons chez moi...

ACTE TROISIÈME

HERMINE, bas à Zéphyrin.

Oh ! pour ça, jamais !... J'ai eu trop peur !

LE CONDUCTEUR DES MONTAGNES RUSSES, en haut de l'embarcadère.

En voiture, mesdames, en voiture, on part.

TOUS.

Les montagnes russes !

HERMINE.

Avant de nous en aller, si nous faisions un petit tour en montagnes russes, voulez-vous, Raphaël ?

BELLAVOINE.

Volontiers... Hermine ! (Il lui met sa pelisse sur les épaules : tous deux montent et s'installent dans le petit wagonnet qui se trouve en haut de l'embarcadère des montagnes russes.)

LE CONDUCTEUR, sonnant la cloche du départ.

En route !...

(Le wagonnet part aux acclamations générales et disparaît derrière les massifs à droite. On entend Bellavoine et Hermine pousser des hurlements.)

BELLAVOINE, en dehors.

Arrêtez... Ça me fait mal !

HERMINE, criant en dehors.

Ah ! ah ! ah !

(Tout le monde sort peu à peu et disparaît derrière les arbres.)

SCÈNE VI

ZÉPHYRIN, puis AUGUSTE.

ZÉPHYRIN, seul...

Elle ne veut pas venir chez moi... Alors... à moi la ruse... à moi l'audace ! Il faut que je trouve un truc ! (A ce moment, Auguste sort du café.) Auguste !... Ah ! c'est l'amour qui m'inspire ! (Allant à lui.) Veux-tu me rendre un service, un vrai service ?

AUGUSTE.

Avec plaisir !...

ZÉPHYRIN.

Ton prince ne doit pas venir cette nuit dans sa petite maison, pas vrai ?...

AUGUSTE.

Bien sûr... Puisqu'il y est venu la semaine dernière.

ZÉPHYRIN.

Et que ce n'est que tous les mois que... Alors... nous sommes des bons ! Prête-moi la clef... pour une heure... ou deux... Une leçon particulière à donner....

AUGUSTE, riant.

Je la connais !... Scélérat !... (Prenant une clef dans sa poche et la lui tendant.) Tiens, la voilà ! Tu n'auras qu'à laisser la porte tout contre, pour que je puisse rentrer me coucher... et ne jouez pas trop fort... ton élève et toi.

ZÉPHYRIN

Ne crains rien... Nous étudions un petit nocturne amoroso... Je joue piano, piano... (à part.) D'abord...

AUGUSTE, riant.

Gredin.

ZÉPHYRIN, prenant la clef.

Merci !... (à part.) Maintenant que mon truc réussisse, et tout va bien ! (à Auguste.) Merci, Auguste... Tu sais ; piano... amoroso... et crescendo !... (Il sort.)

AUGUSTE, seul.

Ce que c'est amoureux, les petites flûtes !

(Il entre en riant dans le café. La scène reste vide un moment. On entend à droite dans la coulisse, la voix de Jacquot criant d'un ton lamentable : « Lanterne magique ! » Jacquot entre. Il porte sur son dos une lanterne magique.)

SCÈNE VII

JACQUOT, entrant, l'air navré.

Lanterne magique... pièces curieuses à voir!... (S'arrêtant et se parlant à lui-même.) Javotte me tromper!... moi, un Savoyard!... et pour une petite flûte!... Oh!... avec ça, papa qui va finir par me repincer un de ces quatre matins... il me cherche dans tout Paris, j'en suis sûr... je l'ai aperçu encore tantôt qui gesticulait, avec des gens de la police... Mon Dieu! mon Dieu! je suis t'y à plaindre!... (Reprenant mélancoliquement son cri :) Lanterne mag.....

(Javotte entre en chantant gaiement.)

JAVOTTE, chantant.

Verdurin!... verdurette!

JACQUOT, à part.

Javotte!... C'est elle!... (Il fait mine de continuer son chemin du côté opposé.)

JAVOTTE, allant à lui la main tendue.

Tiens! te voilà, Jacquot! Bonsoir, mon petit Jacquot! Tu vas bien?

JACQUOT, sèchement.

Je vous prie, mademoiselle, de ne pas me tutoyer.

JAVOTTE, allant le prendre par le bras.

Pas te tutoyer?...

JACQUOT

Je ne veux pas fréquenter des jeunes personnes de votre sexe qui ont des voisinations avec des flûtes.

JAVOTTE

Ah! je vois ce que c'est... la scène d'hier soir... alors, sérieusement tu as cru. .

JACQUOT

J'ai cru ce que j'ai vu... de mes deux yeux vu...

JAVOTTE

Es-tu bête ?... Mais je vais t'expliquer...

JACQUOT

C'est inutile... je vous dis que je suis fixé...

JAVOTTE

Fixé ! Oh !... c'est trop fort... et moi, bonne fille, qui allais prendre la peine de me justifier... Ah ! Monsieur me fait déjà des scènes... qué que ce sera donc quand je serai sa femme !

COUPLETS

I

Un fiancé qui d'ordinaire
Doit être tendre, souriant,
Jamais jaloux, jamais colère...
C'est bien l'moins d'être confiant,
Avant !

Sans attendre le mariage,
Sur un soupçon faire tapage !
Prétendre qu'on lui fait des traits !
Mais alors, à c'compt'là, tu cass'ras tout l'ménage
Après !

II

Suis-j' pas libre et célibataire ?
Te crois-tu déjà mon tyran ?
Je t'ai trompé ? la belle affaire !
L' mal après tout n'est pas si grand
Avant !

Au moins, je n' te prends pas en traître !
Plus tard quand tu seras mon maître,
Te tromperai-je ? On n'sait jamais...
En tout cas ça vaut mieux d'l'être avant, que de l'être
Après !

ACTE TROISIÈME 83

JACQUOT

Voyons pourtant, Javotte,... si tu as de bonnes raisons...

JAVOTTE, fièrement.

Je n'en ai pas... Je t'ai trompé... puisque tu en es sûr... et je te tromperai encore... si le cœur m'en dit !...

JACQUOT, affolé.

Ah! Dieu de Dieu!... C'est-il permis d'entendre des abominations pareilles!... Adieu, mademoiselle! (à part.) Je vais me flanquer dans la Seine! (Il sort par la droite en reprenant son air lamentable.) « Lanterne magique!... Pièces curieuses à voir! »

JAVOTTE, seule.

Où va-t-il? (Allant au fond et appelant.) Jacquot! Jacquot!

(On aperçoit Bellavoine qui se glisse au travers des arbres.)

SCÈNE VIII

JAVOTTE, BELLAVOINE.

BELLAVOINE, à part, regardant de loin Javotte.

La voilà !... Ma femme va partir... j'ai ma soirée à moi... Allons-y !...

JAVOTTE, revenant, sans voir Bellavoine.

Bah! je suis bien tranquille, il n'ira pas loin !... d'ailleurs il méritait une petite leçon !... Je suis sûre qu'il va revenir.

(Bellavoine arrive par derrière sans faire de bruit et lui saisit la taille; Javotte, croyant que c'est Jacquot qui revient, lui flanque une gifle sans se retourner.)

JAVOTTE

Te v'là encore?... Tiens!

BELLAVOINE

Pristi! Tu as la main leste!

JAVOTTE, se retournant en riant.

M. Bellavoine !... Excusez-moi... Je croyais que c'était Jacquot !... si j'avais su...

BELLAVOINE, se frottant la joue.

Si tu avais su...

JAVOTTE

J'aurais tapé plus fort !

BELLAVOINE

Tu es gaie... toi... j'espère qu'après l'histoire du *musicien* tu n'essayeras pas de me faire croire...

JAVOTTE, à part.

Lui aussi !

BELLAVOINE

Un notaire, ça vaut bien une petite flûte !...

JAVOTTE

Je connais des dames qui ne sont pas de cet avis-là !

BELLAVOINE

Écoute... je possède, dans un certain coin de Paris, une petite maison...

JAVOTTE

Vous me l'avez déjà dit...

BELLAVOINE

Tu verras comme c'est installé... Allons... viens. (Il cherche à la lutiner.)

JAVOTTE, se défendant.

Voulez-vous bien me laisser tranquille ?

(Saint-Florent paraît ; il accourt se mettre entre elle et Bellavoine)

SCÈNE IX

Les Mêmes, SAINT-FLORENT

SAINT-FLORENT, à Javotte.

N'ayez pas peur, mon enfant, je suis là !

BELLAVOINE, étonné.

Mon petit clerc !

JAVOTTE, à Saint-Florent.

Merci, Monsieur! c'est bien à vous de protéger une pauvre fille...

BELLAVOINE, ricanant.

Te protéger ! lui !... Ah! il est joli, le protecteur !

SAINT-FLORENT

M. Bellavoine !... je vous en prie...

BELLAVOINE

Un coureur de tripots !... un joueur qui...

JAVOTTE

Hein ?

SAINT-FLORENT, à Javotte.

Eh bien! oui, mon enfant, c'est vrai un joueur qui, espérant vous rendre plus riche, a risqué... perdu... l'argent que votre mère lui avait confié...

JAVOTTE, étonnée.

Oh !

BELLAVOINE

Tu vois ?

SAINT-FLORENT

Mais depuis, je cherche tous les moyens de vous être utile... Oh! bien modestement.

JAVOTTE

Attendez donc ce protecteur mystérieux ?

SAINT-FLORENT, à peine parlé.

Oui !

JAVOTTE

Cette invitation pour aller chanter tout à l'heure chez la citoyenne Tallien ?

SAINT-FLORENT, de même.

Oui !

BELLAVOINE

Comment, chez la citoyenne Tallien ?

JAVOTTE, tirant la lettre d'invitation de sa poche et la lui montrant.

Dame ! voyez plutôt !

BELLAVOINE, après avoir lu.

Et c'est ce méchant petit saute-ruisseau qui...

SAINT-FLORENT

Oui, Monsieur ! On a conservé quelques relations dans le monde !

JAVOTTE, à Saint-Florent.

Je vois que vous êtes un bon cœur !

SAINT-FLORENT

Et vous me pardonnez ?

JAVOTTE, lui tendant la main.

Je n'y pense même plus !

SAINT-FLORENT, lui prenant la main.

Oh ! merci ! merci !

BELLAVOINE

Tu lui pardonnes !.. C'est ton affaire... mais moi... (à Saint-Florent), je vous f...iche à la porte !

ACTE TROISIÈME

JAVOTTE, à part.

Pauvre bonhomme !

BELLAVOINE, donnant de l'argent à Saint-Florent.

Je vous dois trois jours... ça fait trente-neuf sous... et trois liards... Voici quarante sous... rendez-moi un liard !...

SAINT-FLORENT

Voilà votre dû.

BELLAVOINE, prenant le liard et l'examinant.

Le compte y est !

JAVOTTE, à Saint-Florent.

Si vous saviez combien je suis désolée...

SAINT-FLORENT

Vous m'avez pardonné, c'est le principal ! Au revoir, mon enfant ! (à Bellavoine.) Votre serviteur, Monsieur le notaire ! (Il s'en va fièrement par le fond).

BELLAVOINE, menaçant

Monsieur !

JAVOTTE, riant.

Votre servante, M. Bellavoine, vous pouvez donner congé de votre petite maison.

(Elle sort en riant.)

BELLAVOINE, seul.

Toi... je te repincerai... Au fait, elle chante ce soir chez la citoyenne Tallien... on la prendra ici à neuf heures... S'il pouvait me venir une inspiration géniale !... Garçon, une glace pistache... J'ai remarqué que la pistache... pour l'inspiration géniale...

Il entre à gauche dans le café ; à peine a-t-il disparu que Zéphyrin entre par le côté opposé, revêtu du costume du cocher Chalumeau.)

SCÈNE X

ZÉPHYRIN, puis BELLAVOINE

ZÉPHYRIN, seul.

Le voilà, mon truc!... Je viens de payer une chopine au cocher du 46... le fiacre de M. Bellavoine... Une fois noyé dans la boisson, je lui ai emprunté sa pelure avec tous les accessoires... Tout à l'heure, Hermine va monter seule dans la voiture... Une fois dedans, en route pour la rue des Nonnains-d'Hyères... (Se regardant.) Je ne suis pas trop mal en cocher, mais... (Flairant.) Qu'est-ce qui sent donc mauvais comme ça?... On dirait que c'est moi!... (Flairant de nouveau.) Ah! j'y suis, c'est Joséphine! (Il tire de sa poche une vieille pipe.) Et dire qu'il y a des gens qui aiment ça!... Pouah! (Il va pour jeter la pipe. — Se ravisant.) Non... il faut rester dans la peau du bonhomme!

(Il tire de sa poche un briquet phosphorique et des allumettes. Il essaye, sans y réussir, d'allumer des allumettes avec le briquet. Pendant ce temps, Bellavoine sort du café; il est vêtu du costume du cocher Joseph et fume un énorme cigare.)

BELLAVOINE, à part, sans voir Zéphyrin.

Elle est venue, l'inspiration géniale! J'ai découvert dans le café le cocher de la citoyenne Tallien... Je lui ai demandé de me prêter sa livrée... Ça m'a coûté cinq louis... Seulement, il m'a offert par-dessus le marché un cigare... Oh! mais là, un vrai!... (Montrant son cigare.) Je ne sais pas où sa maîtresse se procure ses havanes, mais ils sont fameux!

(Il aspire avec délices la fumée de son cigare.)

ZÉPHYRIN, apercevant Bellavoine.

Oh! un confrère!...

BELLAVOINE, toujours à part, sans voir Zéphyrin.

Je vais attendre Javotte, et au lieu de la conduire chez lui où... (Apercevant Zéphyrin.) Oh! le 46... le cocher de mon fiacre... Bigre!...

(Il veut s'esquiver.)

ACTE TROISIÈME

ZÉPHYRIN, à part.

Voyons si j'ai l'air d'un vrai cocher...

BELLAVOINE, à part.

Au fait... j'vais voir si je suis méconnaissable...

ZÉPHYRIN, allant à Bellavoine.

Pardon, collègue... auriez-vous celle de me donner un peu de feu?

BELLAVOINE, d'un ton protecteur, contrefaisant sa voix.

Tenez, mon garçon! (A part.) Il ne me reconnaît pas!

(Il s'approche et passe son cigare à Zéphyrin.)

ZÉPHYRIN, flairant le cigare, à part.

Oh! il sent joliment bon!... Ça doit être meilleur que Joséphine!...

(Il allume sa pipe, et faisant semblant de se tromper, il passe la pipe à Bellavoine et met le cigare dans sa bouche. Bellavoine, sans y faire attention, met la pipe dans sa bouche.)

BELLAVOINE, avec un cri.

Ah! qu'est-ce que c'est que ça?

ZÉPHYRIN

D'mande excuse... y a eu z'erreur...

(Il lui rend le cigare.)

BELLAVOINE, le repoussant.

Gardez, gardez, l'ami.

(Zéphyrin garde le cigare et le fume.)

ZÉPHYRIN

Dites donc, collègue, vous m'avez l'air d'être dans une chouette maison, vous...

BELLAVOINE

En effet... la maison est assez... elle est même tout à fait chouette.

ZÉPHYRIN

Et... sans indiscrétion... y a-t-il longtemps que vous êtes dans le métier?

BELLAVOINE

Depuis ma première communion.

ZÉPHYRIN

Moi, depuis n'avant ma naissance... p'pa était cocher... grand p'pa aussi... (A Bellavoine.) T'as l'air d'un zigue, toi!

BELLAVOINE

J'le crois, qu'j'en suis un! (A part.) Qu'est-ce que ça peut bien être qu'un zigue?

ZÉPHYRIN

Comment que tu t'appelles?

BELLAVOINE

Natole... Et toi?

ZÉPHYRIN

Moi, Polyte!...

DUO

I

ZÉPHYRIN

Vingt sous la course et trent' sous l'heure,
Le long d'la Seine ou dans les bois,
Moi, je vas prom'ner les bourgeois!

BELLAVOINE

Moi, j'habite un' sphèr' supérieure;
Je suis cocher de grand' maison,
J'ai des pal'tots neufs chaqu' saison!

ZÉPHYRIN

Moi, j'port' toujours la mêm' houpp'lande,
Ça m'est égal, j'suis pas coquet;
Ma bêt' non plus n'est pas gourmande :
J'y donn' à manger des coups d'fouet!

BELLAVOINE

Moi, j'ai landau, coupé, calèche,
J'attelle à deux, j'attelle en flèche.
Dans l'air je fais claquer ma mèche,

Mais en c'mond' faut rien mépriser,
Et malgré qu'tu soy's dans la dèche,
Je n'dédaign' pas d'fraterniser...

ENSEMBLE

Cocher, cocher,
Quand on est cocher,
On est fait pour se rapprocher;
Jamais accrocher,
Broncher,
Trébucher,
Pas trop s'dépêcher;
Politesse exquise,
Et souvent licher,
Voilà la devise
Du parfait cocher!
J'suis cocher... t'es cocher...
T'es cocher... j'suis cocher...
Un cocher et un cocher,
Ça fait deux cochers!
Clic! clac! hue, Cocotte! et fouette, cocher!

(Ils font tous les deux claquer leurs fouets.)

II

ZÉPHYRIN

Souvent, je charge, au crépuscule,
Dedans mon fiacre hospitalier,
Un jeune couple irrégulier...

BELLAVOINE

En plein jour, dans mon véhicule,
J'conduis Monsieur, Madame aussi,
Sur les boul'vards fair' leur persil!

ZÉPHYRIN

Quand j'entends des baisers sonores,
J'sais c'que c'est... je n'me r'tourne pas;
J'dis : Cocott', v'là qu'on baiss' les stores,
Douc'ment, ma vieille, allons au pas!

BELLAVOINE

Quelqu'fois, l'soir, après mon ouvrage,
Madame, en passant, m'dévisage,
Et m'dit, d'un air de badinage :
« Natol', j'vous trouve pas mal ce soir...

« J'veux vous faire faire un p'tit voyage,
« V'nez donc causer dans mon boudoir... »

ENSEMBLE

REPRISE

Cocher, cocher,
Quand on est cocher,
Etc.

BELLAVOINE

Ce bon Polyte !

ZÉPHYRIN

Ce vieux Natole !

SCÈNE XI

LES MÊMES, HERMINE.

HERMINE, entrant et voyant le n° 46 sur le chapeau de Zéphyrin.
Ah !... Numéro 46 !... voilà mon cocher...

ZÉPHYRIN, à part.
Hermine !

BELLAVOINE, à part.
Ma femme !

HERMINE, à Zéphyrin.
C'est vous, n'est-ce pas, que nous avons pris rue du Petit-Hurleur ?

ZÉPHYRIN, contrefaisant sa voix.
Oui, la bourgeoise.

HERMINE.
Je rentre seule... mon mari est retenu par une affaire grave.

BELLAVOINE, à part.

Y coupe-t-elle dans le pont !

HERMINE.

Vous allez me reconduire.

ZÉPHYRIN.

Oui, la bourgeoise... (A part.) O ivresse !

HERMINE, à part.

Pauvre Zéphyrin ! j'ai été bien cruelle pour lui ce soir. S'il allait se détruire... Quelle perte pour l'art musical, un si beau talent !... (A Zéphyrin.) Venez, mon brave !

ZÉPHYRIN.

Oui, la bourgeoise. (Hermine passe devant et sort la première à droite. Zéphyrin donne une poignée de main à Bellavoine.) A la revoyure, Natole.

BELLAVOINE.

Au revoir, Polyte.

(Ils font claquer leurs fouets.)

HERMINE, revenant.

Eh ! bien ?...

ZÉPHYRIN.

Voilà, bourgeoise... (A part.) Enlevé !... et maintenant... Apollon ! protège-moi ! (Il sort à la suite d'Hermine.)

SCÈNE XII

BELLAVOINE, puis SAINT-FLORENT.

BELLAVOINE, seul, regardant Hermine partir avec Zéphyrin.

Ça y est ! Je suis bigrement content tout de même ! Chère Hermine... ange du foyer domestique... va dormir paisiblement... pendant que moi... Allons attendre Javotte !... (Il se dirige vers le fond en sautillant d'un air juvénile, et, en sortant, bouscule involontairement le Chevalier de Saint-Florent qui entre.)

SAINT-FLORENT.

Butor !

BELLAVOINE

Monsieur !... (Surpris) Saint-Florent !... (Il se retourne. Saint-Florent lui administre un coup de pied. — A part.) Ah ! un petit clerc !... Il a déshonoré mes panonceaux !...

(Il sort.)

SCÈNE XIII

SAINT-FLORENT, puis AUGUSTE, puis JACQUOT.

SAINT-FLORENT, à la cantonade.

Chevalier de Saint-Florent !... entendez-vous, maroufle !... Ancien gentilhomme de Sa Majesté !... Palsambleu !... Si l'on ne se faisait pas respecter un peu !... C'est égal !... me voilà sur le pavé, moi !... Bast ! Pour aujourd'hui, j'ai encore de quoi me payer une bouteille de joli petit vin d'Argenteuil... (Appelant.) Garçon !... (Il va s'asseoir à une table à gauche.)

JACQUOT, entrant, à part.

J'ai été jusqu'au bord de la rivière !... Au moment de me jeter dans l'eau, je l'ai tâtée... elle était très froide... et comme j'avais couru, j'aurais pu attraper une fluxion de poitrine !...

(Cris de « Vive Javotte. »)

JACQUOT, regardant dans la coulisse.

Javotte ! Allons-nous en !... (Il va pour partir et s'arrête.) Non... je ne peux pas... c'est plus fort que moi !...

(Les cris redoublent. Le parc s'illumine brillamment. La foule entre en scène.)

SCÈNE XIV

LES MÊMES, JAVOTTE, JEUNES GENS, JEUNES FILLES.

LA FOULE, acclamant Javotte.

Vive Javotte !

FINAL.

CHŒUR.

Une chanson ! une chanson !
Place à la fille de Fanchon !
Place à Javotte la Vielleuse !
C'est la célébrité du jour,
Qui nous fait rire et pleurer tour à tour ;
Refrain d'amour
Ou ronde joyeuse,
Ecoutons
Les chansons
De Javotte la Vielleuse !

JAVOTTE, *sautant sur une table et prenant sa vielle.*

Ecoutez la chanson
De la Vielle à Fanchon !

CHANSON.

I

Quand Fanchon quitta son village
Pour chercher fortune à Paris,
Faute de mieux, elle n'avait pris
Qu'une vielle pour tout bagage :
L'objet, bien qu'il n'fût pas en or,
Pour Fanchon valait un trésor ;
Par cette vielle favorite,
Tout Paris fut bientôt ravi,
Et c'qui f'sait surtout son mérite,
C'est qu'ell'n'avait jamais servi !...
Et gai ! gai !
Tirelire ! ô gué !
En avant la ritournelle !
Vieille barbiche ou barbichon,
Chacun voulait fêter la vielle,
Fêter la vielle de Fanchon !

II

Pour former le cercle autour d'elle,
On s'entassait, se bousculait ;
A son habit chacun voulait
Porter un ruban de c'te vielle ;
Mais Fanchon, mettant le holà,
Leur disait : « Messieurs, tralala !
« N'y touchez pas, car c'est fragile,
« Un rien peut la désaccorder ;
« Un'fois cassé, cet ustensile,
« Ne peut plus se raccommoder ! »
Et gai ! gai !
Tirelire ! ô gué !
En avant la ritournelle !
Mais pas de geste folichon ;
Il ne faut pas casser la vielle,
Casser la vielle de Fanchon !

(Javotte ayant fini de chanter, prend sa corbeille pour faire la quête.)

CHŒUR

Qu'elle est charmante !
Comme elle chante !
Quelle gaîté !
Quel charme exquis ! Quelle vivacité !

(Javotte fait la quête ; tout le monde jette de l'argent dans sa corbeille.
Les jeunes gens, très empressés, lui adressent des compliments.)

UN JEUNE HOMME, jetant de l'argent dans la corbeille.

Javotte, pour ta taille fine...

JULES, de même.

Javotte, pour tes beaux yeux !...

UN TROISIÈME, de même.

Pour ta bouche rose et mutine !...

JAVOTTE, remerciant en riant.

Ma taille, ma bouche et mes yeux,
Vous sont fort obligés, Messieurs !

JACQUOT, avec le chœur, à part.

Qu'elle est charmante !
Quand elle chante,
Ô lâcheté !
J'oublie, hélas ! son infidélité !

REPRISE DU CHŒUR

Qu'elle est charmante !
Comme elle chante !
Quelle gaîté !
Quel charme exquis ! quelle vi-
[vacité !

(Pendant la reprise du chœur, Javotte a continué à circuler dans la foule pour faire la quête. Elle arrive à gauche ; Elle aperçoit Saint-Florent qui tout en buvant, s'est assoupi.

JAVOTTE, considérant Saint-Florent avec compassion.

Pauvre vieux !... Tout à l'heure, il a pris ma défense !
Le voilà maintenant sans argent, sans emploi,
   Plus malheureux, plus à plaindre que moi...
     Il dort... Soyons sa Providence...

(Elle s'approche doucement de lui, et profitant d'un moment où personne ne la voit, elle verse le contenu de sa corbeille dans la poche béante de l'habit de Saint-Florent endormi. Riant :)

Bah ! Je rattraperai ça demain !...

(Bellavoine paraît au fond, toujours en costume de cocher.

SCÈNE XV

Les Mêmes, BELLAVOINE

BELLAVOINE, contrefaisant sa voix.

Le coupé
De Madame Tallien attend Mademoiselle
Javotte...

TOUS

Ah !

JAVOTTE

Oui, Messieurs, dans le monde huppé
Je vais chanter ce soir...

JACQUOT, à part.

Quelle histoire nouvelle ?...

JAVOTTE

Mais mon cœur pour cela n'est pas enorgueilli :
Demain comme aujourd'hui,
Joyeuse et pas plus fière,
Je reviendrai revoir mon public ordinaire,
Mon cher public de Tivoli !

TOUS

Vive Javotte !

BELLAVOINE, bas à Auguste, se faisant reconnaître.

Auguste !...

AUGUSTE, surpris.

Hein ?

BELLAVOINE

C'est moi !

AUGUSTE, à part.

Ciel ! le Prince !

BELLAVOINE

Cours vite à la maison... allume tout...

AUGUSTE, à part.

Mâtin !
Moi qui viens de donner la clef à Zéphyrin !

JACQUOT, à part.

Qu'ont-ils à chuchotter là-bas ?
Oh ! oh ! tout ça ne me va pas...
Je vais monter derrière la voiture...

JAVOTTE

Allons ! Messieurs, au revoir ! à demain !
En attendant, ce soir, pour la clôture,
De ma chanson reprenons le refrain...
Et gai ! gai !
Etc.

ACTE TROISIÈME

CHŒUR

Et gai ! gai !
Etc.

(Pendant le chœur, Javotte sort et passe devant Bellavoine qui est resté au port d'armes; tout le monde fait la haie en acclamant Javotte.)

RIDEAU

ACTE QUATRIEME

PREMIER TABLEAU

La petite maison de la rue des Nonnains-d'Hyères. Un petit boudoir luxueusement meublé à l'orientale; des sièges bas, des coussins, des tentures d'étoffes indiennes. A gauche, en pan coupé, la porte d'entrée principale à deux vantaux; à droite, également en pan coupé et faisant pendant à la porte, une grande fenêtre ouvrant sur un balcon praticable. Du même côté, premier plan, porte latérale. Au fond, au milieu, une sorte de renfoncement formant comme une vaste niche encadrée de riches tentures et dans laquelle est placée, sur un socle, une idole indienne à trois têtes et six bras; cette idole, en bois doré, de grandeur colossale, est creuse par derrière et peut loger trois personnages; les têtes et les bras sont mobiles. Derrière l'idole, la niche est formée par une grande tapisserie tombante, pouvant se soulever à volonté. Au pied de l'idole, par devant, un large sopha.

Au lever du rideau, la scène est vide et plongée dans une demi-obscurité; elle est éclairée seulement par la flamme bleuâtre d'un brûle-parfum placé sur une crédence près de l'idole. Musique à l'orchestre. La porte d'entrée principale, à gauche, s'ouvre et on voit paraître Zéphyrin tenant à la main un flambeau, puis Hermine. Zéphyrin n'est plus en costume de cocher. Hermine est toujours enveloppée dans sa pelisse.

SCÈNE PREMIÈRE

ZÉPHYRIN, HERMINE.

ZÉPHYRIN, faisant entrer Hermine.

Nous y voilà... entrez...

ACTE QUATRIÈME

HERMINE entrant.

Où me conduisez-vous donc ?

ZÉPHYRIN

N'ayez pas peur... nous sommes ici chez un prince.

HERMINE

Un prince ?

ZÉPHYRIN

Oui... un prince indien, de mes amis, qui m'a prêté sa petite maison ; ça se fait tous les jours entre gens du monde.

HERMINE

C'est mal..., c'est très mal, Zéphyrin, de m'avoir trompée ainsi... Si j'avais pu me douter, jamais je n'aurais consenti...

ZÉPHYRIN

C'est pour ça... Vous ne vouliez pas venir ; il fallait bien user de subterfuge.

HERMINE, regardant autour d'elle avec étonnement.

Cette maison a un singulier aspect... Qu'est-ce que c'est que toutes ces choses bizarres ?

ZÉPHYRIN

Des potiches, des bibelots orientaux... puisque nous sommes chez un prince indien.

HERMINE, poussant un cri d'effroi à la vue de l'Idole.

Ah !... Et ça !...

ZÉPHYRIN, éclairant l'Idole avec son flambeau.

Ce n'est rien... une idole de ce pays-là... la fameuse divinité à trois têtes... (Tapant sur l'Idole) Vous voyez, ils ne sont pas méchants.

HERMINE

Allons-nous en, Zéphyrin... J'ai peur là-dedans.

ZÉPHYRIN

Peur !... Mais au contraire... ce réduit mystérieux est plein de calme et de recueillement... Nous serons parfaitement ici pour prendre notre leçon !...

(Il pose le flambeau sur une petite table.)

HERMINE

Ce n'est pas l'heure de faire de la musique ; il faut que je rentre à la maison... mon mari peut être de retour d'un moment à l'autre...

ZÉPHYRIN, revenant.

Votre mari !... Ah ! ne me parlez pas de cet être là ! Un homme qui a des droits illimités sur vous...

HERMINE

Il n'en use pas, je vous l'ai dit.

ZÉPHYRIN

Oui... oui... je la connais... on dit ça... et puis vers minuit, minuit et demie... Allons... ne perdons pas de temps... D'abord... que je vous débarrasse...

HERMINE

C'est inutile...

ZÉPHYRIN, lui ôtant son chapeau.

Si, si... Il n'y a pas de bonne leçon de musique, habillée comme ça !

(Il dépose le chapeau sur un meuble et revient. Il se dispose à ôter la pelisse.)

HERMINE, vivement.

Non, non, par exemple... je suis à peine vêtue, là-dessous...

ZÉPHYRIN

Mais ça ne fait rien... au contraire... justement c'est de la musique légère que j'ai apportée là... ça sera tout à fait en situation...

(Il tire de sa poche un rouleau de musique.)

ACTE QUATRIÈME

HERMINE, se défendant.

Du tout, du tout... il fait frais ici... Je pourrais m'enrhumer...

ZÉPHYRIN

Voyons, un tout petit peu seulement... Il n'y a pas moyen de chanter comme ça...

(Hermine, après avoir fait quelques manières, détache simplement le ruban qui noue sa pelisse autour de son cou, de façon à ce qu'elle s'entrouvre légèrement.)

HERMINE

Ah ! Zéphyrin, Zéphyrin, c'est bien déplacé ce que nous faisons là.

ZÉPHYRIN, lui donnant le rouleau de musique.

L'amour... l'amour de l'art purifie tout... Vous allez voir comme cet air-là est joli.... (Tirant sa flûte de sa poche.) Allons... vous y êtes ?... (Battant la mesure.) Une, deux, trois...

(Il commence à jouer de la flûte, Hermine suit en chantant sur sa musique. Tout en jouant, Zéphyrin lorgne Hermine du coin de l'œil avec convoitise.)

DUETTO

I

ENSEMBLE

HERMINE, chantant.	ZÉPHYRIN, jouant de la flûte.
Ah !... ah... ah... ah !...	Tu... tu... tu... tu...

ZÉPHYRIN, s'arrêtant brusquement et poussant un gros soupir.

Ah ! mon Hermine ! mon Hermine !
Vous avez la peau douce et fine !
Votre œil piquant est un ham'çon
Qui prend mon cœur comme un poisson !
Ah ! mon Hermine ! mon Hermine !

HERMINE

C'est bon... c'est bon,
Continuons notre leçon !

(Ils se mettent à jouer et à chanter.)

ENSEMBLE

HERMINE, chantant.	ZÉPHYRIN, jouant.
Ah!... ah... ah... ah!...	Tu... tu... tu,.. tu...

ZÉPHYRIN, s'arrêtant de nouveau, même jeu.

Ah !... Pour lancer l'ut de poitrine
Quand vous aspirez largement,
Sous ce fichu de mousseline
Comm'ça se gonfle gentiment !...
　　Voluptueusement...

HERMINE

Assez... assez de bucolique !
Tout ça n'est pas dans la musique ;
Flûtez, flûtez donc, monsieur Zéphyrin...

(Zéphyrin se met à jouer de la flûte et fait un couac.)

ZÉPHYRIN

Raté !... Cré coquin !
Pas d'veine ce soir, Je n'suis pas en train !
　　Ça n'est pas ma faute !
C'est l'émotion, j'ai le cœur qui saute ;
Quand on est ému, l'effet le voilà :
C'est toujours comm'ça dans ces moments-là !

(S'arrêtant, tragique.)

Ah !... J'ai comme un vautour qui m'ronge :
C'est votr'mari !... Dieu ! quand je songe
Qu'à toute heur' ses yeux indiscrets
Peuvent plonger sur vos attraits...

HERMINE, ne l'écoutant pas.

Après... après...
Vous n'en finirez donc jamais !...

(Ils se remettent à jouer et à chanter.)

ZÉPHYRIN, s'arrêtant.

Ah !... à l'heure où la blanche lune
Montre au ciel son pâle profil,
Seul, près de vous, dans la nuit brune,
Cet affreux mari... que fait-il ?...
Parlez... Ce mari... que fait-il ?...

HERMINE, riant.

Voyons... quelle mouche vous pique
Tout ça n'est pas dans la musique,
Jouez, jouez donc votre air favori...

(Zéphyrin se remet à jouer et fait un couac.)

ZÉPHYRIN

Encor !... Sapristi !...

HERMINE, riant, à part.

C'est toujours comme ça que chante mon mari.

ENSEMBLE

HERMINE, riant.	ZÉPHYRIN
Ça n'est pas sa faute! C'est l'émotion, son pauvre cœur [saute; Quand on est ému, l'effet le voilà; C'est toujours comm'ça dans ces [moments-là !	Ça n'est pas ma faute, C'est l'émotion, j'ai le cœur qui [saute; Quand on est ému, l'effet le voilà; C'est toujours comme'ça dans ces [moments-là !

(On entend au dehors le roulement d'une voiture.)

HERMINE

Quel est ce bruit ?

ZÉPHYRIN

Ce n'est rien... une voiture qui passe... (Avec passion.) Ah Hermine... mon Hermine... moquons-nous des voitures.. moquons-nous de la musique... oublions tout... Je vous adore... (Il se met à genoux aux pieds d'Hermine. A ce moment, la fenêtre s'ouvre brusquement et Jacquot saute sur la scène... Il aperçoit de loin Zéphyrin à genoux aux pieds d'Hermine qu'il ne reconnoît pas et qu'il prend pour Javotte.)

SCÈNE II

Les Mêmes, JACQUOT

JACQUOT, à part.

L'homme à la flûte... C'était lui !... (Il se précipite et saisit Zéphyrin au collet.) Animal !

ZÉPHYRIN, se relevant vivement en poussant un cri.

Ah !..

HERMINE

Jacquot !...

JACQUOT, étonné.

Ah !... c'est pas Javotte !...

ZÉPHYRIN

Encore le ramoneur !... De quoi vous mêlez-vous, à la fin ?

JACQUOT

Je me mêle de ce qui me regarde... t'as donné rendez-vous ici à Javotte, gredin !... J'en suis sûr.

ZÉPHYRIN

Javotte !... Qu'est-ce qu'il chante ?

HERMINE

Vous voyez bien que non, mon ami.

JACQUOT, à Hermine.

Taratata... vous ne savez pas, vous... je l'ai trouvé l'autre soir sur les toits... qui sortait de la chambre de ma fiancée...

HERMINE

Mais c'était pour moi,... pour me sauver...

JACQUOT

Vous, mame Bellavoine ?... Comment ça ?...

ZÉPHYRIN

A cause de M. Bellavoine ; cette bonne Javotte a eu la générosité de prendre tout sur elle... elle s'est laissé accuser sans rien dire...

JACQUOT

Pas possible !... Alors c'était donc vous, chez lui... (Montrant Zéphyrin.) qui...

ACTE QUATRIÈME

ZÉPHYRIN, faisant le geste de jouer de la flûte.

Tu, tu tu tu...

HERMINE, baissant les yeux.

C'était moi.

JACQUOT

Ouf !... Ah !... je respire.

ZÉPHYRIN

Vous voyez, maintenant tout est expliqué... Vous êtes un bon garçon, vous allez nous laisser étudier tranquillement...

JACQUOT, pris d'une réflexion soudaine.

Saperlipopette !... Mais alors, qu'est-ce qu'elle vient faire ici dans cette maison... car elle y est dans c'te maison !

ZÉPHYRIN

Qui ça ?

JACQUOT

Javotte !

ZÉPHYRIN

Encore Javotte !

JACQUOT

Je l'ai vue entrer... j'étais derrière la voiture... le gros flandrin de cocher l'a introduite... Il a refermé la porte derrière elle... Alors, moi j'ai sauté par-dessus le mur... J'ai vu de la lumière à cette fenêtre, j'ai grimpé le long du treillage...

(Auguste entre précipitamment par la gauche.)

SCÈNE III

Les Mêmes, AUGUSTE

AUGUSTE

Alerte !... Alerte !... Voilà le prince.

JAQUOT

Le prince !

ZÉPHYRIN

Allons, bon !...

AUGUSTE, voyant Jacquot.

Tiens !... vous êtes trois ! (A Zéphyrin.) Tu m'avais dit que c'était une leçon particulière... c'est de la musique d'ensemble.

JACQUOT, à Auguste.

Qui que c'est que ce prince-là ?

AUGUSTE

Le prince Visapour, mon maître... (Montrant la porte à droite.) Il vient d'arriver... Il est là !... je me suis échappé une seconde pour vous prévenir.

HERMINE, à Zéphyrin.

Vous m'aviez dit que le prince était votre ami.

ZÉPHYRIN

Moi ! Je ne le connais seulement pas.

AUGUSTE

Allons, vite... filez.

JACQUOT, inquiet.

Oh ! Javotte court quelque danger, ben sûr... (A Zéphyrin et à Hermine.) Elle vous a rendu service l'autre jour à tous les deux... je vous en supplie, restez ici avec moi pour la protéger...

AUGUSTE

Malheureux !... le prince peut entrer d'un moment à l'autre... c'est un homme puissant et redoutable... Partez, partez... Dépêchez-vous.

JACQUOT, à Hermine et à Zéphyrin.

Venez... mais ne nous éloignons pas...

(Auguste les pousse tous trois dehors par la petite porte, premier plan à gauche.)

ZÉPHYRIN, *sortant le dernier.*

Cré coquin !... Que c'est donc bête de déranger les gens comme ça !

(Auguste ferme la porte derrière eux. On entend à droite, dans l'escalier, la voix de Bellavoine qui appelle.)

Voix de BELLAVOINE, *dans la coulisse.*

Auguste !...

AUGUSTE

Il n'était que temps !... Voilà, monseigneur, voilà ! (Il sort à droite, par la petite porte.)

(La scène reste vide un tout petit moment ; puis Javotte entr'ouvre doucement la porte principale et paraît.)

SCÈNE IV

JAVOTTE, *seule.*

Personne ici non plus !... Voilà déjà plus d'un quart d'heure que j'attends là !... Je ne vois rien... je n'entends rien... La citoyenne Tallien a tout de même une singulière façon de recevoir... Après ça, la fête a sans doute lieu dans une autre partie de la maison... ici, c'est les coulisses, probablement. (Elle pose sa vielle sur un meuble. Réfléchissant.) Dire que dans un instant, je vais chanter devant la société la plus spirituelle, la plus élégante de Paris... mes vrais débuts !... J'ai une peur !...

COUPLETS

I

Trembler un peu, c'est excusable,
Lorsqu'on voit devant soi, tout près,
Ce juge exquis, mais redoutable,
Qui du goût dicte les arrêts ;
Comment mériter son suffrage ?
Mon cœur d'avance en est tout interdit...

Heureusement pour me donner courage,
J'entends là Fanchon qui me dit :
« Allons ! va donc ! et trotte,
« Ma Javotte !
« Ce que je fus hier, tu le seras demain ;
« Allons ! va donc ! et trotte,
« Ma Javotte !
« La gloire est au bout du chemin ! »

II

Et puis la gloire emplit la poche ;
Ça va grossir mon boursicot,
Et bientôt l'heureux jour approche
Où j'épouserai mon Jacquot.
Déjà pour notre mariage,
J'entends au loin, dans l'air qui retentit,
Sonner gaiement la cloche du village,
Et son gai carillon me dit :
« Allons ! va donc ! et trotte,
« Ma Javotte !
« Pour le pays tous deux vous partirez demain ;
« Allons ! va donc ! et trotte,
« Ma Javotte !
« L'amour est au bout du chemin ! »

On entend à droite dans la coulisse, Bellavoine parler en contrefaisant sa voix.

BELLAVOINE, dans la coulisse

Rajah... maharajah... Pondichéry... Chandernagor...

JAVOTTE

Quelqu'un... on vient me chercher.

(Elle donne rapidement un dernier coup de fion à sa toilette. La porte à droite s'ouvre, Bellavoine paraît. Il est vêtu d'un superbe costume indien, longue robe de soie toute garnie de pierreries ; large turban garni d'une aigrette étincelante de diamants. Longue barbe brune et soyeuse.)

SCÈNE V

JAVOTTE, BELLAVOINE

BELLAVOINE, entrant, à part, montrant son costume.

Brahmapoutra !... pair de babouch... Zim laï la ! (A part.)
Je crois que j'ai un petit cachet oriental !

JAVOTTE, à part.

Qu'est-ce que c'est que ça ?

BELLAVOINE, contrefaisant sa voix.

Bonjour, mon enfant...

JAVOTTE, saluant.

Est-que la citoyenne Tallien ?...

BELLAVOINE

La beauté à la mode... ce n'est pas moi !

JAVOTTE, riant.

Je pense bien... vous êtes sans doute un de ses domestiques...

BELLAVOINE, avec indignation, et montrant ses pierreries.

Un domestique, moi !

JAVOTTE

Qui êtes-vous donc, alors ?

BELLAVOINE

Je suis le prince Visapour.

JAVOTTE

Un prince ?

BELLAVOINE

Né dans l'Hindoustan, sur les bords du Gange ; je possède là-bas un palais somptueux... j'ai six cents femmes dans mon harem...

JAVOTTE

Six cents femmes pour vous tout seul !

BELLAVOINE, se tournant avec affectation.

Quant à mon physique, regarde et admire !

JAVOTTE

Je vois ce que c'est... vous êtes un invité... vous venez assister à la fête que donne ce soir la citoyenne Tallien.

BELLAVOINE

Non, mon petit lotus étoilé... le moment est venu de jeter la lueur dans ta naïve intelligence...Apprends que tu n'es pas ici chez la citoyenne Tallien.

JAVOTTE

Bah ! et où suis-je donc alors ?

BELLAVOINE

Chez moi.

JAVOTTE

Chez vous ?

BELLAVOINE

Oui, un petit pied à terre que j'ai fait meubler à l'orientale pour me rappeler mon pays. (Montrant l'idole.) Voilà mes dieux : Siva...l'amour, Brahma... la guerre, et Vichnou... la paix !... C'est ici que je viens de temps à autre oublier les soucis de la grandeur...

COUPLETS

I

Dans cette retraite amoureuse,
Tout est suave et souriant;
On respire ici l'Orient
Et son ivresse capiteuse :
Tapis de Perse et de Goa,
Puis là-bas, aux pieds de Brahma,
    Dans ce p'tit coin-là,
    Ce large sopha...
(Parlé.)   Oye ! oye ! oye !
    Je n' te dis qu' ça !

II

Loin du monde, loin du tapage,
C'est là qu'en des rêves exquis,
De temps en temps au paradis
Je viens faire un petit voyage.

Tous deux, quand le cœur t'en dira,
Vers ce joli paradis là,
On s'embarquera,
On s'envolera...

(Parlé.) Oye! oye! oye!
Je n' te dis qu' ça!

JAVOTTE, regardant autour d'elle

En effet, c'est très joli... alors, c'est chez vous qu'a lieu la fête?

BELLAVOINE

Oui... la fête, la petite fête, nous allons la faire ici, dans un instant.

JAVOTTE

Ah ! (A part.) Cette réception est bien extraordinaire.

(Bellavoine frappe sur un timbre. Auguste paraît, vêtu d'un costume d'esclave indien. Il apporte un riche écrin.)

SCÈNE VI

Les Mêmes, AUGUSTE

JAVOTTE, apercevant Auguste.

Qu'est-ce que c'est encore que celui-là?

BELLAVOINE

Un de mes nombreux eunuques.

AUGUSTE, à part.

Ah! mais... ah! mais... c'est humiliant, devant les femmes.

(Sur un geste de Bellavoine, il place l'écrin sur la table.)

BELLAVOINE, à Auguste.

Esclave, sortez!

(Auguste s'incline profondément et sort.)

SCÈNE VII

BELLAVOINE, JAVOTTE

JAVOTTE

Il est donc muet?

BELLAVOINE

Oui!

JAVOTTE

Aussi?... Oh! le pauvre garçon!

BELLAVOINE

J'en ai comme ça deux mille, là-bas, dans mon pays, pour garder mes six cents femmes.

JAVOTTE

Eh bien!... et vos invités? Je ne les vois pas : où sont-ils donc?

BELLAVOINE

Je n'en ai pas d'autre que toi... C'est une petite fête intime... en tête à tête...

JAVOTTE

Comment! vous voulez que je vous joue de la vielle pour vous tout seul?

BELLAVOINE

Oui... un caprice princier... Mais sois tranquille... ton cachet sera en rapport... Tiens, j'ai là une rivière de diamants... quelque chose de féerique. (Prenant un écrin dans lequel est un collier de faux diamants.) Regarde, enfant, et sois éblouie. (A part.) Trois livres dix sous, avec l'écrin... Est-ce beau?... Quels feux!...

JAVOTTE

C'est pour moi, ce superbe collier?

ACTE QUATRIÈME

BELLAVOINE

A une condition...

JAVOTTE

Il va falloir que je vous chante tout mon répertoire ?...

BELLAVOINE, avec une intention marquée.

Oui... tout ton répertoire... Commence d'abord par venir là, près de moi.

JAVOTTE

Pardon, pardon... je suis engagée pour chanter, moi ! (Allant prendre sa vielle.) Voyons... quelles chansons voulez-vous ?... *Que ne suis-je la fougère? Je l'ai planté, je l'ai vu naître ?...*

BELLAVOINE

Ni l'une ni l'autre... Je me soucie de tes chansons comme d'une noix de coco.

JAVOTTE, inquiète.

Hein?

BELLAVOINE, l'attirant à lui.

Ce que je désire, ce que je veux, c'est toi.

JAVOTTE

Oh ! mais, c'est abominable !...

BELLAVOINE, soufflant les lumières du flambeau.

Je te tiens, tu ne m'échapperas pas.

JAVOTTE

Ah ! au secours !...

(La scène tombe tout à coup dans l'obscurité, éclairée seulement par la flamme bleuâtre du brûle-parfum qui donne aux objets une teinte fantastique. En même temps, on entend la voix de Jacquot, de Zéphyrin et d'Hermine, qui se sont glissés dans l'idole, par derrière, et montrent leurs têtes à la place de celles du dieu.)

SCÈNE VIII

LES MÊMES, JACQUOT, ZÉPHYRIN, HERMINE, puis AUGUSTE

SCÈNE et ENSEMBLE

JACQUOT, dans l'idole et d'une voix bizarre.
Brahma !...

HERMINE, de même.
Vichnou !

ZÉPHYRIN, de même.
Siva !...

BELLAVOINE, ahuri, reculant.
Qu'est-ce que c'est que ça ...

JACQUOT, HERMINE et ZÉPHYRIN, même jeu.
ENSEMBLE
Je suis là !

BELLAVOINE
Est-ce un prestige ?
Il m'a semblé
Que l'idole avait parlé !
O prodige !

JAVOTTE
O prodige !

JACQUOT, HERMINE, ZÉPHYRIN, même jeu
ENSEMBLE
Je suis le maître des cieux ;
J'ai trois têtes,
Six bras, six yeux,
Pour protéger les gens honnêtes
Et punir les vieux
Vicieux !

(Musique de scène à l'orchestre.

ACTE QUATRIÈME

BELLAVOINE, parlé.

Est-ce que je deviens fou ?... C'est du sortilège... de la magie... Nous allons bien voir... (Il se dirige vers l'idole, les trois têtes se mettent à remuer, les six bras se lèvent menaçants, Bellavoine pousse un cri et tombe à genoux, terrifié.) Ah !... grâce !... pitié !... Brahma ! ne me fais pas de mal, tu ne peux pas m'en vouloir, puisque tu n'es pas mon dieu !...

JAVOTTE

Pas son dieu ?

JACQUOT, HERMINE, ZÉPHYRIN

Imposteur !
Séducteur !

BELLAVOINE

C'est vrai... j'ai menti... Je te demande pardon... Je ne suis pas Visapour... (Jetant sa perruque et sa barbe.) Je suis maître Bellavoine, notaire à Paris.

TOUS, ensemble, poussant un cri de surprise.

Bellavoine !

(Les trois personnages cachés sortent de derrière l'idole et descendent vivement en scène. Au même moment, Auguste ouvre la porte et paraît un flambeau allumé à la main. La scène s'éclaire. La musique de scène cesse.)

BELLAVOINE, reconnaissant Hermine.

Ma femme !

AUGUSTE, à part, au comble de l'étonnement.

Ah !

JAVOTTE, à Bellavoine.

Ah ! traître !

HERMINE

Ah ! coureur !

JACQUOT

Vieux filou !

ZÉPHYRIN

Et ça méprise la musique !

7.

HERMINE

Oh ! mais, ça ne se passera pas comme ça !

AUGUSTE, s'avançant.

Pardon... Je suis fâché de déranger Son Altesse, mais c'est la police.

BELLAVOINE, effrayé.

La police ?...

AUGUSTE

Oui... il y a deux agents là, à la porte, avec une vieille bête de Savoyard...

JACQUOT, poussant un cri.

C'est papa !... Ah ! ma pauvre Javotte !... cette fois, nous v'là perdus... Il va me faire ramener chez nous de brigade en brigade !

REPRISE DU CHANT

HERMINE, à Bellavoine.

Allons !... rentrons !
A la maison nous nous expliquerons !

TOUS

Allons ! partons !

ENSEMBLE

HERMINE

Mari trompeur, mari coupable !
Au logis rentrez lestement ;
De ce forfait abominable
Vous subirez le châtiment !

BELLAVOINE

Quel dénouement désagréable !
Ça commençait si gentiment !
Je vais maintenant, c'est probable,
Passer par un vilain moment !

JACQUOT

C'est affreux ! c'est abominable !
Percer le cœur d'un pauvre amant !
Père barbare, impitoyable,
Je m'périrai, j'en fais l'serment !

JAVOTTE

Tout est fini ! le sort m'accable !
Jouet d'un destin malfaisant,
Voilà mon pauvre hymen au diable !
Adieu tout espoir à présent !

ZÉPHYRIN

Mari trompeur, mari coupable !
Trahir un objet si charmant !
C'est un forfait abominable ;
Je me charge du châtiment !

AUGUSTE
[bis !]
C'que c'est qu'd'obliger son sembla-
C'que c'est que d'être complaisant !
Moi qu'avais un'place admirable,
Qu'est-ce que j'vas d'venir à présent ?

(Sortie générale.)

CHANGEMENT A VUE

DEUXIEME TABLEAU

LE BOULEVARD DU TEMPLE.

A gauche la ligne du boulevard vue obliquement; des théâtres, des baraques foraines, des arbres. A droite, le restaurant du *Cadran bleu* avec sa terrasse en élévation de quelques marches sur la chaussée du boulevard; sur la terrasse, des tables, des chaises. — Au lever du rideau, des promeneurs vont et viennent sur le boulevard; des marchands de coco et de gâteaux circulent au milieu des groupes. Des saltimbanques font la parade sur le devant d'un théâtre, à gauche. — Quelques consommateurs, parmi lesquels Jules et Justine, sont attablés sur la terrasse du *Cadran bleu*.

SCÈNE I

JULES JUSTINE, un garçon, une marchande de plaisirs, des saltimbanques, promeneurs, consommateurs

CHŒUR

Le long du boulevard du Temple,
Allons, venons, promenons-nous;
De tous côtés l'œil y contemple
Mille plaisirs pour tous les goûts;
Rendez-vous aimable et commode,
On s'y retrouve entre amants, entre amis,
C'est la promenade à la mode
Des Parisiens de Paris.

UN MARCHAND DE COCO

A la fraîche! à la fratch'!

UNE MARCHANDE DE PLAISIRS

Régalez-vous, mesdames,
Voilà l' plaisir!

UN SALTIMBANQUE, faisant l'annonce

Entrez, entrez, messieurs, mesdames;
Nous ne faisons pas de réclames;
Dépêchez-vous de vous placer,
Le spectacle va commencer.

REPRISE DU CHŒUR

Le long du boulevard du Temple,
Allons, venons, promenons-nous.
Etc.

(Bellavoine, Hermine et Zéphyrin arrivent ensemble, bras dessus, bras dessous.)

SCÈNE II

Les Mêmes, BELLAVOINE, ZÉPHYRIN, HERMINE

BELLAVOINE, à Zéphyrin.

Ce cher Zéphyrin... ce brave ami...! A présent que je sais tout ce que tu as fait pour Hermine...

ZÉPHYRIN, négligemment.

Oh! ça ne vaut pas la peine!

BELLAVOINE

Si, si... elle m'a tout raconté: tu lui as servi de protecteur... et puis, c'est grâce à toi que j'ai fait ma paix avec elle.

HERMINE

Vous ne recommencerez plus monsieur!

ACTE QUATRIÈME

BELLAVOINE

Jamais!... (À Zéphyrin.) Aussi c'est entre nous à la vie à la mort... (Ils montent à la terrasse du Cadran Bleu et vont s'installer à une table; appelant le garçon.) Garçon, la carte...

UN GARÇON

Voilà, monsieur...

BELLAVOINE, passant la carte à Zéphyrin.

Choisis, Zéphyrin... tout ce qu'il y a de meilleur et de plus cher...

ZÉPHYRIN, faisant des manières et montrant Hermine.

Madame d'abord...

HERMINE

Faites donc, je vous en prie.

BELLAVOINE

Je tiens à te payer un bon dîner pour cimenter notre amitié... (Lui tendant la carte) Allons, Zéphyrin, cimente.

ZÉPHYRIN

Alors pour te faire plaisir... presque rien... (Choisissant sur la carte) perdreaux truffés... dinde truffée... foie gras truffé... homard truffé... champagne...

BELLAVOINE

Truffé aussi.

(Javotte, sa vielle au côté, passe au milieu de la foule)

JUSTINE, à la terrasse du Cadran Bleu, apercevant Javotte.

Ah!... mais voilà Javotte!

ZÉPHYRIN

La jolie vielleuse!

LA FOULE, entourant Javotte.

Javotte! Javotte! une chanson!...

(Javotte s'avance).

SCÈNE III

Les Mêmes, JAVOTTE

SCÈNE et FINALE

JAVOTTE

Une chanson, messieurs? Il n'y faut pas compter...
Mon Jacquot va partir; aujourd'hui je suis triste,
Et n'ai pas le cœur à chanter.

LA FOULE

Une chanson!..., Si! Si!

JAVOTTE

Puisqu'on insiste,
Soit, alors... pour vous contenter.

(Elle escalade la terrasse du Cadran bleu; les consommateurs se dérangent pour lui faire place... Elle prend sa vielle et commence à chanter:)

J'ai quitté la montagne
Où jadis je naquis,
Pour courir la campagne
Et venir à Paris...

(On entend au loin la marche des Savoyards; Javotte s'arrête brusquement et prête l'oreille.)

Ecoutez... ce sont eux... les fils de la Savoie...
Qui s'en retournent au pays...

(Entrée de la bande des petits Savoyards et des petites Savoyardes, avec leur paquet sur l'épaule. Derrière eux marche Jacquot serré de près par le père Grenouillot.

SCÈNE IV

Les Mêmes, JACQUOT, GRENOUILLOT, Savoyards, Savoyardes.

CHŒUR DES SAVOYARDS

Et youp!... Enfants de la Savoie,
Et youp! Nous rentrons au pays!

ACTE QUATRIÈME

JAVOTTE
Adieu, mon Jacquot, pour toujours !

JACQUOT
Adieu, Javotte, mes amours

JAVOTTE
Plus de petit mari !...

JACQUOT
Plus de petite femme !...

ENSEMBLE
Adieu pour toujours !

GRENOUILLOT, repoussant Jacquot.
Allons ! en route !...

(Le chevalier de Saint-Florent accourt, du fond, tout essoufflé. — Musique de scène à l'orchestre.)

SCÈNE V

LES MÊMES, SAINT-FLORENT

SAINT-FLORENT, parlé.
Arrêtez !...

(On l'entoure.)

BELLAVOINE
Qu'y a-t-il ?

HERMINE
Parlez, mon ami.

SAINT-FLORENT, se remettant.
Ah !... Javotte !... Figurez-vous qu'hier soir, à Tivoli, je m'étais assoupi, tout en buvant... Quand je me suis réveillé, j'ai trouvé de l'argent plein ma poche...

JAVOTTE, à part.

Pauvre bonhomme !

SAINT-FLORENT

Je cours à Frascati, je mets tout sur la rouge...

HERMINE

Et vous perdez ?

SAINT-FLORENT

Non, je gagne.

ZÉPHYRIN

Veinard !

SAINT-FLORENT

En dix minutes, j'avais devant moi une grosse somme.

TOUS

Ah !

SAINT-FLORENT

Malheureusement, j'ai eu l'imprudence de continuer. J'ai tout reperdu.

BELLAVOINE

Faut-il être bête !

JAVOTTE

Quel dommage !

SAINT-FLORENT, à Javotte.

Quand je dis tout... j'avais mis de côté les trente mille francs que je vous dois... et les voici. (Il lui tend un portefeuille.)

BELLAVOINE

Il rend l'argent ! (A Saint-Florent :) Je vous prends comme caissier.

REPRISE DU CHANT

JAVOTTE, avec joie.

Oh ! merci... Mais alors... je suis riche...

GRENOUILLOT, avec élan.

Ma fille !
Dans mes bras !...
(Il lui ouvre ses bras ; Javotte se jette dans ceux de Jacquot.)

BELLAVOINE, les regardant avec attendrissement.

Que c'est beau la famille !...

(Prenant Hermine et Zéphyrin chacun par un bras :)

Nous aussi, nous vivrons, tous les trois, sans tracas...

HERMINE, riant.

Mais il faut apprendre vos gammes...

BELLAVOINE, à Zéphyrin.

Je prendrai des leçons avec toi, n'est-ce pas ?

ZÉPHYRIN

Désolé, cher ami, je n'en donne qu'aux dames.

JAVOTTE, à Jacquot.

Viens, mon Jacquot, nos ennuis
Sont finis ;
Dans notre ciel plus un nuage ;
Partons, ami, plions bagage,
Et là-bas, dans notre maison,
En souvenir des jours d'orage,

(Montrant sa vielle :)

Nous accrocherons l'héritage
De Fanchon !
Et gai ! gai !
Tirelire ! ô gué !
En avant la ritournelle !
Vielle barbiche ou barbichon,
Chacun voudra fêter la vielle,
Fêter la vielle de Fanchon !...

CHŒUR

Tirelire ! ô gué !
Fêtez la vielle,
Fêtez la vielle de Fanchon !

RIDEAU.

www.ingramcontent.com/pod-product-compliance
Lightning Source LLC
Chambersburg PA
CBHW060156100426
42744CB00007B/1059